GOLDMANN
Lesen erleben

Buch

Andrew Smart möchte, dass Sie sich öfter einfach mal hinsetzen und gar
nichts tun – und er hat sogar wissenschaftliche Argumente dafür. Auch wenn
wir ständig dazu angehalten werden, schneller und effizienter zu sein, und
Multitasking längst von einer Tugend zur Notwendigkeit geworden ist, werden Faulenzer letzten Endes die Nase vorn haben. Ob im Berufsleben oder in
der Freizeit – gestützt durch wissenschaftliche Erkenntnisse liefert *Öfter mal
auf Autopilot* überzeugende Gründe dafür, dass es Ihrem Gehirn nur schadet,
wenn Sie allzu aktiv sind. Umgekehrt fördert gezieltes Nichtstun Ihre Kreativität, die Fähigkeit zur Selbsterkenntnis, Ihr Gedächtnis, Ihr emotionales Wohlbefinden und Ihre sozialen Fähigkeiten. So können Sie Ihrem Chef, Ihrer Familie und Ihren Freunden mit den aktuellsten Forschungsergebnissen auf dem
Gebiet der Gehirnforschung erklären, weshalb Sie sich unbedingt ausruhen
müssen – und zwar jetzt sofort.

Autor

Andrew Smart ist Kognitionswissenschaftler und Autor. Er erhielt seinen Mas-
ter of Science an der Universität Lund, Schweden, wo er unter anderem die
positiven Auswirkungen von Lärm auf das Erinnerungsvermögen und die Aufmerksamkeit von Kindern mit ADHS erforschte. Sein besonderes Interesse für
das Nichtstun und die Abscheu vor Zeitmanagement brachten ihn dazu, *Öfter
mal auf Autopilot* zu schreiben.

Andrew Smart

Öfter mal auf Autopilot

Warum Nichtstun so wichtig ist

Aus dem Amerikanischen
von Manuela Knetsch

GOLDMANN

Dieses Buch ist auch als E-Book erhältlich.

Verlagsgruppe Random House FSC® N001967
Das für dieses Buch verwendete FSC®-zertifizierte Papier *Classic 95*
liefert Stora Enso, Finnland.

1. Auflage
Deutsche Erstausgabe November 2014
Wilhelm Goldmann Verlag, München,
in der Verlagsgruppe Random House GmbH
© 2014 der deutschsprachigen Ausgabe
Wilhelm Goldmann Verlag, München,
in der Verlagsgruppe Random House GmbH
© 2013 Andrew Smart
Originaltitel: *Autopilot. The Art & Science of Doing Nothing*
Originalverlag: OR Books, New York
Published by arrangement with OR Books, New York.
Umschlaggestaltung: Uno Werbeagentur, München
Umschlagmotiv: FinePic®, München
Redaktion: Susanne Lötscher
Fachliche Beratung: Sonja Schall
Satz: Buch-Werksatt GmbH, Bad Aibling
Druck und Bindung: GGP Media GmbH, Pößneck
KW · Herstellung: IH
Printed in Germany
ISBN 978-3-442-17484-3
www.goldmann-verlag.de

Besuchen Sie den Goldmann Verlag im Netz

Inhalt

Einleitung

»Ich habe mich oft gefragt, ob nicht gerade die Tage, die wir gezwungen sind, müßig zu sein, diejenigen sind, die wir in tiefster Tätigkeit verbringen? Ob nicht unser Handeln selbst, wenn es später kommt, nur der letzte Nachklang einer großen Bewegung ist, die in untätigen Tagen in uns geschieht?

Jedenfalls ist es sehr wichtig, mit Vertrauen müßig zu sein, mit Hingabe, womöglich mit Freude. Die Tage, da auch unsere Hände sich nicht rühren, sind so ungewöhnlich still, dass es kaum möglich ist, sie zu erleben, ohne vieles zu hören.«

Rainer Maria Rilke, *Brief an Tora Holmström,*
24. August 1904

In diesem Buch geht es ums Nichtstun. Das Nichtstun gehört zu den wichtigsten Aktivitäten im Leben. Ich habe mich dazu aufgerafft, meine Gedanken dazu aufzuschreiben, und hoffe, auch andere davon zu überzeugen – trotz der Tatsache, dass überall auf der Welt immer länger gearbeitet wird und in jedem Zeitmanagement-Buch, das es auf dem Markt gibt, behauptet wird, dass man noch mehr machen könnte und sollte. Dieses Buch vermittelt eine gegenteilige Botschaft. Sie sollten weniger tun, ja, Sie sollten sogar faul sein. Laut Erkenntnissen aus der Neurowissenschaft muss sich unser Gehirn entspannen – und zwar genau in diesem Augenblick. Auch wenn unser Geist für intensive Aktivitäten außerordentlich gut entwickelt ist, muss unser Gehirn, um normal funktionieren zu können, auch müßig sein dürfen – und das sogar sehr häufig, wie sich herausgestellt hat.

Wir sind oft zu zielgerichtet, zu gelenkt; wir sollten uns selbst öfter einmal in den Autopilot-Modus versetzen. In der Luftfahrt ist der Autopilot eine automatische Anlage, die Flugzeuge lenkt, ohne dass Piloten eingreifen müssen. Der Autopilot wurde entwickelt, weil das manuelle Steuern eines Flugzeugs absolute und fortwährende Aufmerksamkeit des Piloten erfordert. Da die Flugzeuge im Lauf der Zeit immer höher und schneller flogen und die Flüge immer länger wurden, führte das manuelle Steuern eines Flugzeugs bei Piloten zu ernsthaften (und gefährlichen) Ermüdungserscheinungen. Die Einführung des Autopiloten gestattete es den Piloten, sich bei der physischen Lenkung des Flugzeugs Pausen zu gönnen, um ihre geistigen Kräfte für riskantere Flugphasen wie Starten und Landen zu schonen. Heutzutage steuert der Autopilot Flugzeuge auf der Basis von Computersoftware.

Die Kehrseite des Autopilot-Modus ist, dass Piloten manchmal nicht mehr unterscheiden können, ob nun der Autopilot oder sie selbst das Flugzeug steuern. Dieser Zustand wird im Englischen *Mode Confusion* genannt (deutsch etwa: Modus-Verwirrung) und hat schon zu schwerwiegenden Unfällen geführt.

Interessanterweise besitzt auch Ihr Gehirn einen Autopiloten. Wenn Sie sich ausruhen und sozusagen die »manuelle Kontrolle« über Ihr Leben aufgeben, übernimmt der Autopilot. Er weiß, wo Sie wirklich hinwollen und was Sie wirklich tun wollen. Und der einzige Weg herauszufinden, was er weiß, besteht darin, die Steuerung des Flugzeugs aufzugeben und sich von Ihrem Autopiloten leiten zu lassen. Nicht nur Piloten werden bei der manuellen Steuerung von Flugzeugen so müde, dass es gefährlich werden kann – auch wir brauchen öfter Pausen, in denen wir unser Flugzeug von unserem Autopiloten fliegen lassen sollten. Die Kunst besteht darin, die *Mode Confusion* zu vermeiden, das heißt es locker angehen zu lassen, unsere Terminkalender zur Seite zu legen und die Dinge einfach *nicht* zu erledigen.

Psychologische Studien haben gezeigt, dass Menschen das Nichtstun eher scheuen. Doch dieselben Studien zeigen auch, dass Menschen, wenn sie nicht gerade gute Gründe dafür haben, geschäftig zu sein, im Durchschnitt lieber untätig wären. Einerseits scheuen wir uns, untätig zu sein, andererseits würden wir gleichzeitig lieber faulenzen. Dieser Widerspruch könnte ein Überbleibsel aus der Evolutionsgeschichte sein. Im Lauf seiner Entwicklungsgeschichte war es für den Menschen zumeist oberste Priorität, mit seinen Kräften zu haushalten, denn die Nahrungsbeschaffung allein war eine gewaltige körperliche Anstrengung. Heutzutage ist das Überleben in den westlichen Ländern (wenn überhaupt) nur mit geringer körperlicher Anstrengung verbunden; daher haben wir uns alle möglichen Arten von nutzlosen Beschäftigungen ausgedacht. Gibt man Menschen auch nur den leisesten, ja fadenscheinigsten Grund, etwas zu tun, werden sie geschäftig. Menschen, die zu viel Zeit haben, neigen zum Unglücklichsein oder zur Langeweile. Doch wie wir in diesem Buch sehen werden, könnte das Nichtstun möglicherweise der einzige wirkliche Weg zur Selbsterkenntnis sein. Bei dem, was Ihnen ins Bewusstsein kommt, während Sie untätig sind, handelt es sich häufig um etwas aus den Tiefen Ihres Unterbewusstseins – und diese Informationen sind vielleicht nicht immer angenehm. Nichtsdestoweniger wird Ihr Gehirn Ihre Aufmerksamkeit mit gutem Grund darauf lenken. Durch den Müßiggang bekommen bedeutende Ideen, die in Ihrem Unterbewusstsein schlummern, eine Chance, in Ihr Bewusstsein zu dringen.

Unsere seit Langem bestehende Angst vor dem Nichtstun hat unweigerlich dazu geführt, dass wir heutzutage von Geschäftigkeit nahezu besessen sind. 2006 hat Bruce Charlton in seinem vorausschauenden Leitartikel in der Zeitschrift *Medical Hypotheses* behauptet, die moderne Gesellschaft werde von Berufen beherrscht, die sich durch eine besondere Geschäftigkeit auszeichnen. Mit Geschäftigkeit ist Multitasking gemeint – aufgrund eines von außen auferlegten Zeitplans viele Tätigkeiten nacheinander ausführen und häufig zwischen ihnen wechseln. In den meisten Berufen besteht die einzige Möglichkeit voranzukommen darin, so zu tun, als beherrsche man das Multitasking. Francis Crick, Nobelpreisträger und Mitentdecker der DNS, war berühmt für seine Weigerung, sich durch die Verwaltungsebenen zu kämpfen, um in der akademischen Welt aufzusteigen. Er verabscheute die Geschäftigkeit, die eine leitende Stellung mit sich bringt.

Die Definition des Nichtstuns, die ich in diesem Buch erörtere, ist die Antithese der Geschäftigkeit: vielleicht ein oder zwei Dinge am Tag zu erledigen, und dies – und das ist entscheidend – nach einem *intern* auferlegten Zeitplan. Chronische Geschäftigkeit ist schlecht für Ihr Gehirn und kann auf lange Sicht ernsthafte gesundheitliche Konsequenzen haben. Kurzfristig zerstört starke Geschäftigkeit die Kreativität, die Selbsterkenntnis, das emotionale Wohlbefinden, Ihre sozialen Fähigkeiten – und sie kann das Herz-Kreislauf-System schädigen.

Vom neurowissenschaftlichen Standpunkt aus betrachtet erweist sich die Erforschung des Nichtstuns im Labor als leicht. Tatsächlich wurde die unglaubliche Gehirnaktivität, die nur dann auftritt, wenn man gerade gar nichts tut, durch Zufall entdeckt – als nämlich Probanden bei Experimenten mit bildgebenden Verfahren einfach nur in den MRT-Geräten lagen und vor sich hin träumten. Ich erweitere dieses Laborergebnis insofern, als ich dazu auch jeden Moment Ihres Tagesablaufs zähle, in dem Sie sich nicht an einem von außen auferlegten Zeitplan orientieren und die Gelegenheit haben, wirklich *nichts zu tun,* oder in dem Sie die Freiheit haben, Ihre Gedanken zu allem wandern zu lassen, was in Ihr Bewusstsein dringt, sobald Sie einmal nicht beschäftigt sind. Wahre Erkenntnis, sei sie künstlerischer oder wissenschaftlicher, emotionaler oder sozialer Natur, kann sich wirklich nur in diesen allzu seltenen Momenten des Müßiggangs einstellen.

Selbst Wissenschaftler geben zu, dass man einige der immer wiederkehrenden Ideen der Neurowissenschaft vielleicht nie wirklich verstehen wird – man gewöhnt sich nur an sie. Es ist jedoch hilfreich, sich in diesem Buch schon früh mit diesen Konzepten vertraut zu machen, und sei es auch nur, weil Sie damit teilweise rechtfertigen können, es locker anzugehen. Man wird Sie künftig in Ruhe lassen, wenn Sie Ihre Faulheit postwendend mit einem Satz wie diesem erklären: »Ich lasse die Hubs meines Default-Mode-Netzwerks schwingen, um herauszufinden, was ich mit meinem Leben anfangen will.« Zudem lassen sich mit dem Wissen um diese Konzepte viele Fakten, das Gehirn betreffend, in einen entsprechenden Zusammenhang stellen.

Betrachten Sie dieses Buch als einen Crashkurs in Komplexitätstheorie und Neurowissenschaft. Das menschliche Gehirn ist eine Kreativmaschine – ein komplexes, nichtlineares natürliches Objekt, das folgende Eigenschaften hat:

- **Nichtlinearität oder Chaos:** exponentiell sensible Abhängigkeit von den Anfangsbedingungen. Wie bitte? Die meisten Systeme, mit denen es Ingenieure zu tun haben, sind lineare oder deterministische Systeme. Die meisten Systeme werden, auch wenn sie nichtlinear sind, wie lineare Systeme modelliert, weil es so einfacher (oder anders nicht möglich) ist, sie zu berechnen. Für ein lineares System lässt sich die Zukunft sehr genau vorhersagen – vorausgesetzt, man verfügt über genügend Wissen über die Werte der Variablen, die das System zu einer bestimmten Zeit beschreiben, und über genügend Wissen darüber, wie sich diese Variablen ändern. Wenn Sie eine bestimmte Eingangsgröße in ein lineares System eingeben, wissen Sie genau, welche Ausgangsgröße Sie erhalten. Das ist natürlich dann sehr praktisch, wenn man ein Kommunikationsnetzwerk entwickeln, einen Damm bauen oder ein Flugzeug konstruieren möchte. Unmöglich hingegen ist es, die Zukunft für ein nichtlineares System vorherzusagen – selbst wenn Sie sämtliche Informationen über den Zustand des Systems zu einem bestimmten Zeitpunkt besitzen und über ein sehr gutes Modell verfügen, wie die Variablen sich zueinander verhalten. Der Grund dafür ist, dass sich kleine Veränderungen an den Ausgangsbedingungen des Systems vergrößern und später zu gewaltigen Veränderungen des Systems führen können. Ihre Vorhersagen werden also umso ungenauer sein, je weiter sie in der Zukunft liegen. Zudem kann eine kleine Eingangsgröße in einem nichtlinearen System zu einer riesigen Ausgangsgröße führen. Oder es gibt überhaupt keine Ausgangsgröße. Das beste Beispiel für ein nichtlineares System ist das Wetter. Wir können abschätzen, wie wahrscheinlich es ist, dass das Wetter in Zukunft so oder so sein wird, und der gegenwärtige Zustand hängt von den vergangenen Zuständen ab (das heißt, er hat ein Gedächtnis), aber wir können seine zukünftige Bewegungsbahn dennoch nicht mit Sicherheit vorherbestimmen. Zu unserem Glück – und zum Leidwesen der Wissenschaftler – sind Gehirne nichtlinear. In der Natur gibt es abgesehen von der mineralischen Welt keine linearen Systeme.

- **Schwellenwert:** ein Wert, der, wenn er erreicht ist, dazu führt, dass ein erregbares System seine normale dynamische Bewegungsbahn verlässt und in einen erregten oder aktiven Zustand übergeht. Wir alle sind im Alltag mit diesen Schwellenwerten konfrontiert. Ein gutes Beispiel für ein Gerät, das mit einem Schwellenwert arbeitet, ist der Thermostat. Sie stellen den Thermostat auf einen bestimmten Wert ein, und wenn das Thermometer unter diesen Wert sinkt, springt die Heizung an. Der Wert, auf den Sie den Thermostat einstellen, ist ein Schwellenwert. Nervenzellen hingegen sind nichtlineare Schwellenwert-Objekte. Jede Nervenzelle hat einen Schwellenwert, auch Schwellenpotenzial genannt, bei dem ein Aktionspotenzial ausgelöst wird. Eine Nervenzelle besitzt ein Ruhepotenzial und einen Schwellenwert, der durch ihre jeweiligen elektrischen und chemischen Eigenschaften festgelegt ist. Der Wert eines Nervenzellen-Schwellenwertes verändert sich im Lauf der Zeit. Um es sehr vereinfacht auszudrücken: Signale, die von anderen Nervenzellen kommen, treffen an einer bestimmten Nervenzelle aufeinander, und wenn genügend solcher Signale vom richtigen Typus und zum richtigen Zeitpunkt aufeinandertreffen, ist ihr Schwellenwert erreicht, und die Nervenzelle »feuert«. Danach braucht die Nervenzelle eine sogenannte Refraktärzeit, um sich von dem Aktionspotenzial wieder zu erholen. Mit anderen Worten: Es gibt nach oben hin eine Grenze, wie schnell eine Nervenzelle reagieren kann.
- **Selbstorganisation:** die unheimliche Tendenz eines nichtlinearen Systems, sich selbst so umzugestalten, dass es lang-

fristige und weiträumige strukturelle Verknüpfungen entwickelt. Anders ausgedrückt: Eine Ameisenkolonie erweckt den Anschein, dass ihr eine übergreifende Gesamtstruktur und Organisation zugrunde liegt. Dennoch interagiert jede Ameise in der Kolonie nur lokal mit den Ameisen in ihrer unmittelbaren Umgebung. Eine Ameise ist sich der Existenz der gesamten Kolonie nicht bewusst, und doch bildet sich diese allein durch das einfache Zusammenspiel der einzelnen Ameisen. Mit Nervenzellen verhält es sich genauso. Eine einzelne Nervenzelle in Ihrem Gehirn hat keine Ahnung, dass sie Teil dieses Gehirns ist, geschweige denn davon, ein Teil von »Ihnen« zu sein. Das Geheimnis der Selbstorganisation besteht darin, dass sie sich nur durch die systeminterne Dynamik bildet, ganz ohne ein »Wie mach ich das«-Signal von außen. Selbstorganisation kann sich nur in nichtlinearen Systemen entwickeln, zum Beispiel in Gehirnen, Gesellschaften, Wirtschaftssystemen und eben in Ameisenkolonien. Hochkomplexes Verhalten kann aus der Interaktion einfacher Bestandteile entstehen, die zusammen ein selbstorganisiertes System bilden. Einige Ameisenkolonien bestehen aus Millionen von Ameisen, und die Kolonie als solche zeigt ein kompliziertes und gut organisiertes Verhalten. Sie lernt mit der Zeit dazu. Und doch ist die einzelne Ameise ein recht einfacher Organismus, der den chemischen Spuren anderer Ameisen folgt. Dank der Selbstorganisation bleiben Ihr Gehirn und Ihr Bewusstsein von einem Tag auf den anderen nahezu unverändert. Sie ist auch der Grund dafür, weshalb das Klima recht stabil ist und sich nur schrittweise ändert. Durch einen nichtlinearen Schwellenwert kann sogar ein relativ leichter Anstieg von Kohlendioxid zu einer gewaltigen Klimaveränderung führen.

- **Schwingungen** (Oszillationen): jedes periodische oder rhythmische Signal. Eine Schwingung beschreibt die Auf-und-ab-Bewegung eines Signals wie bei einem EEG, einem Fächer, der sich vor- und zurückbewegt, oder bei der Börse. Einzelne Nervenzellen oszillieren, und die Schwingungsaktivität vieler Nervenzellen kann als die Summe elektrischer Ströme an einer Stelle des Gehirns gemessen werden. Die Neigung, spontan zu schwingen, gehört zu den eindrucksvollsten Eigenschaften von Nervenzellen. Schwingungen in bestimmten Abständen sind ein Schlüsselmechanismus, durch den verschiedene Regionen des Gehirns miteinander kommunizieren, genauso wie die einzelnen Nervenzellen untereinander.

- **Netzwerkstruktur:** Das Gehirn besitzt rund 100 Milliarden Nervenzellen mit geschätzten 200 Billionen (ja, hier steht tatsächlich *Billionen*) Verbindungen zwischen den einzelnen Nervenzellen. Versuchen Sie einmal, ein Computernetzwerk mit 200 Billionen Verbindungen zu verkabeln. Trotz dieser unfassbar hohen Zahlen ist jede Nervenzelle nur über ein paar Verbindungen von jeder anderen Nervenzelle entfernt. Das liegt am Aufbau des Gehirns. Man geht davon aus, dass eine Nervenzelle ein Signal im Durchschnitt nur durch sieben Wegelängen senden muss, um jede andere Nervenzelle zu erreichen. Dies wird »Kleine Welt«-Netzwerk genannt. Es ist genau dasselbe wie die Kevin-Bacon-Zahl oder das Kleine-Welt-Phänomen. Diese Netzwerke haben lokale Anhäufungen, die Hubs (englisch für Knotenpunkte) genannt werden und durch die zahlreiche Verbindungen laufen. Ein Großteil der Aktivität wird von einigen großen Hubs bestimmt. Denken Sie an das FedEx-Drehkreuz in Memphis: Alle FedEx-Flüge gehen über Memphis, egal, von wo sie kommen – so wird die Anzahl der Verbindungen, die notwendig sind, um ein Päckchen von einer beliebigen Stadt der Welt in eine andere Stadt zu schicken, erheblich reduziert.

- **Zufall oder Lärm** (im wissenschaftlichen Kontext: Rauschen): Lärm ist gut. Dies mag eines der am wenigsten eingängigen Dinge sein, wenn es darum geht, das Gehirn zu begreifen. Lärm wird fast immer als etwas Schlechtes oder Schädliches betrachtet, vor allem in künstlich hergestellten linearen Systemen wie zum Beispiel einer Telefonverbindung. Aber in komplexen nichtlinearen Systemen wie unserem Gehirn kann ein gewisser Rauschpegel sogar hilfreich sein. Durch ein Phänomen, das man »Stochastische Resonanz« nennt, sorgt Rauschen im Gehirn dafür, dass Ordnung entsteht. Herrscht zu wenig Rauschen, können die Nervenzellen die Signale, die von anderen Nervenzellen gesendet werden, nicht mehr empfangen; zu viel Rauschen führt dazu, dass die Nervenzellen die richtigen Signale nicht erkennen können. Herrscht in puncto Rauschen das richtige Maß, funktioniert das Gehirn normal. Nur nichtlineare Systeme können vom Rauschen profitieren. Wird Rauschen zu einem linearen System addiert, kommt auch nur Rauschen dabei heraus; addiert man Rauschen zu einem nichtlinearen System wie dem Gehirn, kommt vielleicht eine Symphonie oder ein Roman dabei heraus. Der Lärmforscher Bart Kosko, der viele Prinzipien der Stochastischen Resonanz entdeckt hat, nennt es »Zen des Lärms«. Wir werden später noch darauf zurückkommen, welch wichtige Rolle »Lärm« für unsere Kreativität spielt.

- **Schwankungen** (Variabilität): Wenn Ihr Gehirn auf etwas trifft, beispielsweise das Aufblitzen einer einfachen Form auf dem Computerbildschirm, reagieren die Nervenzellen jedes Mal ein klein wenig anders. Aufgrund dieser Schwankungen in der Nervenzellen-Reaktion besitzt Ihr Gehirn genügend Flexibilität und Anpassungsfähigkeit, um in einer komplexen Gesellschaft und Umgebung zu überleben. Da es sich beim Gehirn um ein nichtlineares System handelt, ist eine verminderte Variabilität sogar Zeichen einer Erkrankung. Während eines epileptischen Anfalls kommt es an einer bestimmten Stelle des Gehirns zu einer »Hypersynchronisation« (übermäßige Entladung) der Nervenzellen. Das bedeutet, sie verlieren ihre Variabilität. Gibt es in einer Gehirnregion keinerlei Schwankungen mehr, handelt es sich um einen epileptischen Anfall. Im Kapitel »Six Sigma – ein epileptischer Anfall« (ab Seite 155 ff.) stelle ich die Behauptung auf, dass viele Ansätze zum Zeitmanagement, etwa das Six-Sigma-Konzept, auf ganz ähnliche Weise »Anfälle« in Unternehmen herbeiführen, indem sie Schwankungen dort unterdrücken, wo sie am dringlichsten gebraucht werden. So gesehen kann Six Sigma als Krankheitserreger in Unternehmen betrachtet werden.

- **Synchronisation**: Obwohl »gesunde Schwankungen« wichtig sind, damit das Gehirn fortwährend einen kritischen Zustand aufrechterhalten kann (homöostatisch, aber immer bereit und offen gegenüber der Umwelt), muss es auch Informationen übertragen. Schwankungen und Synchronisation liegen im Gehirn in ständigem Wettstreit miteinander. Grob gesagt – und sehr vereinfacht ausgedrückt – verhält es sich so: Wenn eine Nervenzelle ein Signal zur nächsten Nervenzelle schickt, kann die Zielnervenzelle das Signal nur verarbeiten, wenn die beiden Nervenzellen synchronisiert, also aufeinander abgestimmt sind. Synchronisation heißt, dass zwei oder mehr gekoppelte, nichtlineare Oszillatoren beginnen, im selben Takt zu schwingen. Dies wurde zum ersten Mal im 18. Jahrhundert von dem niederländischen Wissenschaftler Christiaan Huygens entdeckt. Der Legende nach lag Huygens mit Fieber im Bett und verfolgte die Pendelbewegungen zweier Uhren. Ihm fiel auf, dass nach einer Weile die Pendel der Uhren im selben Takt schlugen. Selbst als er eines der Pendel anhielt und es aus dem Takt brachte, schwangen die beiden Pendeluhren irgendwann wieder synchron.

Dies war aber nur dann der Fall, wenn die Uhren an ein und derselben Wand hingen. So wurden winzige Vibrationen ausgelöst, die so stark waren, dass sich die beiden Rhythmen gegenseitig beeinflussen konnten. Die Vibrationen – oder das Rauschen – lösten den Koppelmechanismus zwischen den beiden Oszillatoren aus. Es stellte sich also heraus, dass unser alter Freund »Lärm« bei der Synchronisation hilft. Dennoch kann übermäßige Synchronisation, wie bereits oben erwähnt, zu einer Art Anfall führen, und eine zu geringe Synchronisation dazu, dass vielleicht überhaupt keine Kommunikation stattfindet. Und auch dies ist nur ein weiteres Beispiel dafür, wie ein Forscher zu einer fundierten wissenschaftlichen Erkenntnis gelangte, während er eigentlich überhaupt nichts tat (in diesem Fall im Bett lag, um sich von einer Krankheit zu erholen).

Wir werden noch sehen, dass jedes dieser wissenschaftlichen Schlagwörter mit hineinspielt, wenn wir müßig beziehungsweise kreativ sind, und weshalb Nichtstun Sie kreativer machen könnte. Und jedes der genannten Gebiete ist Gegenstand intensiver aktueller Forschungen, an denen Tausende von Wissenschaftlern beteiligt sind. Am Ende des Buches finden Sie einige herausragende Quellen für eine weiterführende Lektüre. Mit jedem dieser Themen lassen sich ganze akademische Semester verbringen, und für einige Wissenschaftler ist das jeweilige Forschungsgebiet eine Lebensaufgabe. Dennoch wissen wir eigentlich immer noch sehr wenig darüber, wie das Gehirn funktioniert. Zudem handelt es sich bei dem Versuch, diese Konzepte auf die Gehirnforschung anzuwenden, um eine recht neue Entwicklung in der Psychologie und der Neurowissenschaft. Wenn Sie also ein Gespür für diese Konzepte und ihren Bezug zum

Gehirn entwickeln, betrachten Sie sich ruhig als Person mit einer wissenschaftlichen Begabung.

Gestattet man dem Gehirn, sich auszuruhen, können diese Mechanismen der Nichtlinearität und des Zufalls ausgeschöpft werden. Außerdem verstärken Ruhephasen die natürliche Neigung des Gehirns, Empfindungen und Erinnerungen zu neuen Ideen zu verknüpfen. Nicht nur die Berichte einzelner Schriftsteller und Künstler, sondern auch neueste psychologische Studien führen zu der Erkenntnis, dass wir uns lange, ungestörte Phasen des Nichtstuns gönnen sollten, damit sich das kreative Potenzial unseres Gehirns – ein komplexes, nichtlineares System – richtig entfalten kann. Möglicherweise sind Ruhephasen für die geistige Gesundheit mindestens ebenso wichtig wie zielgerichtete geistige Aktivität, wenn nicht sogar noch wichtiger.

1 | Das abscheuliche Monster Müßiggang[1]

»Sei emsig bei deinen Geschäften und verwende keine Zeit auf den Müßiggang, verrichte deine Arbeiten in heiliger Absicht, zu Gottes Ehre und im Einklang mit seinen Geboten.«

Richard Baxter, *A Christian Directory*

Spätestens seit Homer stehen wir der Sache zwiespältig gegenüber. In der *Odyssee* lümmelten die Lotosesser den ganzen Tag herum und kauten Lotos, und dabei waren sie nicht nur gastfreundlich, sondern anscheinend auch ziemlich zufrieden. Doch für Odysseus und seine Mannschaft stellten sie eine Bedrohung dar. Als er die Küste der Lotosesser erreichte, schickte der Workaholic einige seiner Männer an Land, um Erkundigungen über die Einheimischen einzuholen. Die Lotosesser führten »eigentlich nichts Böses im Schilde«, sondern boten Odysseus' Mannen etwas von ihren Pflanzen an, die derart überwältigend waren, dass die Griechen jeden Gedanken an eine Heimkehr aufgaben. Odysseus, die Personifikation des heroischen Fir-

---

1 Robert Hitchcock, Zitat aus Catharina Lis' und Hugo Solys Buch *Worthy Efforts: Attitudes to Work and Workers in Pre-Industrial Europe* (Boston: Brill, 2012). 1580 schlug Hitchcock, »ein Gentleman aus Oxford«, vor, eine Flotte von 400 Heringsbooten zu bilden, um Zehntausenden von Armen eine Arbeit zu verschaffen.

menchefs, zwang die umnebelten Männer zurück auf das Schiff und ließ sie im Unterdeck festbinden. Ihm wurde klar, dass sie die Insel niemals wieder verlassen würden, wenn erst einmal der Rest der Mannschaft von der Droge versucht hätte, und er befahl abzulegen. In der Übersetzung von Christoph Martin heißt es, die übrigen Männer »besetzten geordnet die Bänke und peitschten mit den Rudern die schäumende Salzflut«.

Entgegen dem westlichen Klischee, dass in China Arbeit, Leistung und Fleiß als höchste Ideale gelten, fristete der Müßiggang zu Konfuzius' Zeiten keineswegs ein Nischendasein, sondern war fester Bestandteil der Kultur. Unter Konfuzius ließen sich feine Herren die Fingernägel lang wachsen, als Zeichen dafür, dass sie nicht handwerklich arbeiten mussten. Im Konfuzianismus wurde harte Arbeit sogar verachtet; stattdessen wurden Muße und Mühelosigkeit idealisiert. Laut Lawrence E. Harrison, einem Forschungsbeauftragten an der Tufts University, ist »Sisyphos für die Chinesen keine Tragödie, sondern ein wahnsinnig komischer Witz«. Harrison schreibt, das höchste philosophische Prinzip des Taoismus sei *wu wei* (deutsch etwa: *»Handeln durch Nicht-Handeln, absichtsloses Handeln«),* was bedeute, dass ein wahrhaft erleuchteter Mensch das Leben sowohl spirituell als auch intellektuell mit einem minimalen Aufwand an Energie angeht. In puncto Militär waren die alten Chinesen der Ansicht, dass ein guter General den Gegner dazu bringt, sich bis zur Erschöpfung zu verausgaben. Er wartet auf die richtige Gelegenheit zum Angriff, nutzt die Umstände zu seinem Vorteil und tut dabei selbst so wenig wie möglich – der

Gegenentwurf zum westlichen Versuch, ein im Vorfeld gestecktes Ziel durch unermessliche Anstrengung und Druck zu erreichen. Es ist daher paradox, dass China trotz seiner langen Geschichte der Pflege des Müßiggangs neuerdings als Weltfabrik gilt. Das mag daran liegen, dass, wie mir ein chinesischer Physiker kürzlich erklärte, China den Konfuzianismus erst im Laufe der letzten 50 Jahre »überwunden« hat.

Als im Westen das Zeitalter der Aufklärung anbrach und die Arbeit mechanisiert, bürokratisiert und entmenschlicht wurde, schlugen die Philosophen zurück. Zu diesem Zeitpunkt, als das kapitalistische Weltsystem sich auf beispiellose Weise ausdehnte, pflegte man in der westlichen Kultur die Vorstellung vom »edlen Wilden«, dessen besondere Eigenschaften unter anderem darin bestanden, faul herumzuliegen und Früchte zu essen, die ihm vermeintlich in den Schoß fielen. Der unvergleichliche Samuel Johnson veröffentlichte 1758 bis 1760 eine Reihe von Aufsätzen über die Vorzüge des Nichtstuns in der Zeitschrift *The Idler.* Er schrieb, dass »der Müßiggang [...] genossen werden kann, ohne anderen zu schaden, und daher nicht als Betrug betrachtet wird, der den Wohlstand gefährdet, oder als Stolz, der seine Erfüllung naturgemäß in der Unterlegenheit anderer findet. Der Müßiggang ist von stiller und friedlicher Qualität, die weder den Neid durch Prahlerei schürt noch den Hass durch Widerstand. Daher ist niemand bestrebt, ihn zu verurteilen oder zu entlarven.«

Aber die Kapitalisten waren nicht aufzuhalten. Im 19. Jahrhundert begann die Globalisierung der Industriewirtschaft.

Während die Menschen fortan wie Zahnräder einer komplexen Maschine namens Fabrik funktionierten, führte Frederick Taylor, Begründer der amerikanischen Arbeitsmoral, in *Die Grundsätze wissenschaftlicher Betriebsführung* die kapitalistischen Vorarbeiter in ebendieses Thema ein. Sein Ziel war es, das Privatleben der Arbeiter in das Berufsleben einzubinden – durch das, was man zu jener Zeit als wissenschaftliches Verständnis vom Menschen ansah. Taylor wollte die Produktivität effizient erhöhen, indem er die für einen Arbeitsschritt benötigte Zeit und Bewegung exakt berechnen ließ. Er nahm moderne Produktivitätsmarotten wie das Six-Sigma-Konzept (auf das wir im Kapitel »Six Sigma – ein epileptischer Anfall« noch kommen werden) vorweg, indem er das Wissen und die Erfahrung jedes einzelnen Handwerkers durch standardisierte und »wissenschaftliche« technische Arbeitsabläufe ersetzte. Obwohl der Taylorismus in der Geschäftswelt enorm beliebt war – und immer noch ist –, zeigten sich die Humanisten jedweder Couleur damals nicht begeistert. 1920, vielleicht als Reaktion auf den wachsenden Taylorismus, prägte der tschechische Schriftsteller Karel Čapek die Bezeichnung »Roboter« – ein völlig mechanisierter, seelenloser Arbeiter, der physisch und psychisch entmenschlicht ist. Schon das Wort *robota* heißt im Tschechischen »Arbeiter«. Im selben Jahr veröffentlichte der amerikanische Humorist Christopher Morley seinen mittlerweile legendären Aufsatz *On Laziness* (*Über die Faulheit*). »Der Mensch, der wirklich, gründlich und philosophisch faul ist«, schrieb er, »ist der einzig wahrhaft glückliche Mensch. Der glückliche Mensch ist es, der der Welt von Nutzen ist. Diese Schlussfolgerung ist unausweichlich.«

Lenin schrieb über Taylors Philosophie: »[...] der berühmte Taylorismus, der in Amerika so verbreitet ist, ist genau deswegen berühmt, weil er die Vollendung der rücksichtslosen kapitalistischen Ausbeutung darstellt. Es ist verständlich, weshalb die Arbeiter mit einem solch starken Hass und Protest auf dieses System reagierten.« Obwohl er den Taylorismus als das sah, was er war, nämlich eine neue Form der Ausbeutung, übernahm Lenin beim Aufbau sowjetischer Fabriken viele von Taylors Techniken.

Mit Beginn der 1980er-Jahre und Ronald Reagan setzte sich das Mantra durch, dass Produktivität entscheidend für das Selbstwertgefühl ist. Produktivität war gut für Amerika, sie war gut fürs Geschäft. Faulheit hingegen war antiamerikanisch. 1985 starteten Ken Blanchard und Spencer Johnson in ihrem Kultbuch *Der Minuten Manager* bekanntlich den Versuch, Angestellte von Folgendem zu überzeugen: »Nur wer sich selbst gut findet, arbeitet auch gut.« Das Buch ist eine verwässerte spirituelle Parabel, die effizienten Kapitalismus statt innere Erleuchtung zum Ziel hat und in der ein aufgeweckter junger Mann ein tüchtiger Manager werden will. Er reist um die Welt und trifft verschiedene Managertypen, darunter den unterdrückenden »autokratischen Manager« und den netten »demokratischen Manager«, und kommt schließlich zu der metaphysischen Erkenntnis, dass sich ein tüchtiger Manager um Menschen *und* um Ergebnisse kümmert. Zuletzt begegnet der junge Mann dem 1-Minuten-Manager, der ihm die Erleuchtung bringt, dass das Manager-Nirwana durch drei einfache Techniken erreicht werden kann: die 1-Minuten-Zielfestlegung, das 1-Minuten-Lob und die 1-Minuten-Kritik. Schließlich wird der junge Mann selbst zum 1-Minuten-Manager. Er wird beliebt und reich.

Und doch: Trotz des Aufkommens der »wissenschaftlichen Betriebsführung« hält sich der Müßiggang hartnäckig. Wie die Lotosesser mahnen uns auch die heutigen Philosophen, von den süßen Früchten des Nichtstuns zu kosten und es locker anzugehen. Tom Hodgkinson, Herausgeber der jährlich erscheinenden Schrift *The Idler,* schrieb den Bestseller *Anleitung zum Müßiggang.* Tom Lutz beschreibt die Geschichte des Müßiggangs in seinem fantastischen Buch *Doing Nothing: A History of Loafers, Loungers, Slackers, and Bums in America (Nichtstun: Eine Geschichte von Bummlern, Gammlern, Faulenzern und Nichtstuern in Amerika).* Einige Menschen meiner Generation wurden von dem Film *Slacker* (deutscher Titel *Rumtreiber*) von Richard Linklater dazu inspiriert, das College abzubrechen. Wie man so richtig abschalten kann, erfährt man in Véronique Viennes Buch *Die Kunst, nichts zu tun: Einfache Wege, wieder Zeit für sich selbst zu finden.* Selbst Bertrand Russell, einer der profiliertesten Mathematiker und Philosophen des 20. Jahrhunderts, veröffentlichte ein Buch mit dem Titel *Lob des Müßiggangs.* Darin schreibt er: »Ich möchte in aller Ernsthaftigkeit sagen, dass durch den Glauben an die Rechtschaffenheit von Arbeit viel Schlimmes in der heutigen Zeit geschieht und dass der Weg zu Glück und Wohlstand in einer geregelten Reduzierung der Arbeit liegt.«

Den Autoren dieser Bücher und denen vieler anderer gelingt es hervorragend, die positiven Aspekte und die Bedeutung des Nichtstuns herauszustellen (da viele der Autoren sich selbst als faul bezeichnen). In einigen Büchern wird vorgeschlagen, das Nichtstun einfach als ein weiteres Mittel zum Erfolg anzusehen, andere schlagen vor, dem Müßiggang einfach um seiner selbst willen nachzugehen, wieder andere regen dazu an, das Nichtstun als politisches Instrument im Kampf gegen das kapitalistische System einzusetzen. Auch wenn ich jedem Argument für das Nichtstun von ganzem Herzen beipflichten kann, werde ich in diesem Buch noch einen Schritt weiter gehen. Ich präsentiere einige aktuelle und überraschende Erkenntnisse aus der Neurowissenschaft, die zeigen, was Ihr Gehirn in den Momenten, in denen Sie nichts tun, genau macht. Ich stelle die Behauptung auf (die unter Managern und Neurowissenschaftlern gleichermaßen umstritten sein könnte), dass Nichtstun – wirklich und wahrhaftig nichts zu tun – dazu führt, dass Ihr Gehirn besser funktioniert.

Es heißt, dass Descartes, ein notorischer Spätaufsteher, gerade faul im Bett herumlag und eine Fliege an der Zimmerdecke beobachtete, als er die x-Achse und die y-Achse des Koordinatensystems ersann – der Fluch vieler Schüler, die der Versuch, seine Eigenschaften zu bestimmen, um den Schlaf bringt. Die größten Meilensteine der Wissenschaft und die größten Kunstwerke – kurz gesagt, viele der größten *Ideen* der Geschichte –

waren möglicherweise nicht das Ergebnis mühseliger und ausdauernder Arbeit. Vielmehr kommen uns Geistesblitze oder Aha-Momente in Phasen, die Rilke so sprachgewaltig als »den letzten Nachklang einer großen Bewegung« beschrieb, »die in untätigen Tagen in uns geschieht«. Dafür scheint es eine neurowissenschaftliche Erklärung zu geben.

Rilke hat bestimmt nicht geahnt, wie treffend seine metaphorische Verwendung des Wortes »Nachklang« fast ein Jahrhundert später für die Erkenntnisse der modernen Neurowissenschaft sein würde. Wie wir sehen werden, klingen ganze Ansammlungen von Nervenzellen in unserem Gehirn buchstäblich nach, selbst wenn wir nichts tun. Ja, einige Nervenzellen in den Hubs der vielen Netzwerke des Gehirns klingen sogar noch intensiver nach, wenn wir uns ausruhen. Diese Entdeckung ist neu und hat meines Wissens noch nicht ihren Weg in die breite Öffentlichkeit gefunden. In diesem Buch geht es darum, den Begriff des Nachklingens ernst zu nehmen – und die Neurowissenschaft als ultimative Ausrede dafür zu nehmen, es ruhig angehen zu lassen. Eine der großen Paradoxien des modernen Lebens besteht darin, dass uns die Technik, bei all ihren Vorteilen, unsere freie Zeit nimmt. Wir sind mittlerweile an sieben Tagen rund um die Uhr »auf Abruf«. Müßiggang ist zu einem Anachronismus geworden.

Das »Default-Mode Network«, im Deutschen als Default-Mode-Netzwerk, aber auch als »Leerlaufnetzwerk« oder »Ruhezustandsnetzwerk« bezeichnet, wurde 2001 von Marcus Raichle, einem Neurowissenschaftler an der Washington University in St. Louis, entdeckt. Das Default-Mode-Netzwerk erwacht zum Leben, wenn wir überhaupt nichts tun. Als Raichles Probanden während der Experimente in der MRT-Röhre lagen und die ihnen aufgetragenen kognitiven Aufgaben erledigten, bemerkte er, dass die Aktivität in einigen Regionen des Gehirns dabei sogar abnahm. Das war eine Überraschung, denn bis zu diesem Zeitpunkt war man davon ausgegangen, dass die Gehirnaktivität während einer kognitiven Aufgabe im Verhältnis zu einer anderen Aufgabe oder einem »flachen Grundniveau« ausschließlich ansteigen würde. Raichle begann nun zu überprüfen, was das Gehirn in den Intervallen zwischen zwei Aufgaben tat. Er entdeckte ein spezielles Netzwerk, dessen Aktivität sich erhöhte, sobald die Probanden nicht mit äußeren Reizen beschäftigt schienen. Wenn man im Rahmen eines fMRT-Experiments (Experiment mithilfe der funktionellen Magnetresonanztomographie) eine ermüdende Aufgabe ausführt, etwa, sich an eine Liste von Begriffen zu erinnern, werden bestimmte Regionen des Gehirns aktiver, in anderen sinkt die Aktivität. Das scheint nichts Außergewöhnliches zu sein. Aber die Gehirnaktivität nimmt auch dann nicht ab, wenn man nur mit geschlossenen Augen im MRT-Gerät liegt oder nach oben starrt. Die Aktivität spielt sich lediglich in einer anderen Gehirnregion ab. Jene Region, die während der Experimente deaktiviert war, wird nun während der Ruhephase aktiver. Dies ist das Default-Mode-Netzwerk. Seit jener Zufallsentdeckung wurden Hunderte von Publikationen verfasst, in denen die Gehirnaktivität in Ruhephasen beschrieben wird. Die Entdeckung des Default-

Mode-Netzwerks hat zu jeder Menge Aufregung und Kontroversen geführt.

Viele Gehirnregionen sind auf bestimmte Funktionen spezialisiert. Der visuelle Cortex (auch Sehrinde genannt) beispielsweise verarbeitet erste visuelle Informationen und die Amygdala gibt Warnungen aus und hilft uns bei der Entscheidung, ob wir kämpfen oder fliehen sollen. Das Default-Mode-Netzwerk wiederum ist spezialisiert auf Zeiten, in denen sich Ihr Gehirn nicht darum kümmern muss, vor einem Straßenräuber wegzurennen oder das iPhone zu checken. Gibt es nichts Besonderes zu tun, flackert das Default-Mode-Netzwerk auf und beginnt, mit sich selbst zu reden (das heißt mit Ihnen). Das Netzwerk besitzt eine zusammenhängende Struktur im Gehirn, die sich von Mensch zu Mensch nur wenig unterscheidet. Wenn unsere Gedanken abschweifen oder wir uns Tagträumen hingeben, ist das Default-Mode-Netzwerk beteiligt. Es wird tatsächlich dann aktiv, wenn Sie an einem sonnigen Nachmittag im Gras liegen, wenn Sie die Augen schließen oder während Sie bei der Arbeit aus dem Fenster starren (wenn Sie zu den Glücklichen zählen, die einen Arbeitsplatz mit Fenster haben). Am interessantesten aber ist vielleicht, dass diese schwer zu definierenden Aha-Momente wohl öfter bei den Menschen vorkommen, die ihrem Default-Mode-Netzwerk Zeit zum Nachklingen geben.

Viele Experimentalpsychologen und Neurowissenschaftler können die Vorstellung von einem Default-Mode-Netzwerk nur schwer akzeptieren, weil es zu einer der grundlegenden Annahmen der kognitiven Neurowissenschaft gehört, dass es sich bei jeder nachweisbaren Gehirnaktivität, die nicht durch einen äußeren Reiz ausgelöst wurde, nur um Rauschen handeln kann. Wie sollte im Gehirn ein zusammenhängendes Netzwerk existieren, das allein für das Nichtstun zuständig ist? In der Psychologie und Neurowissenschaft ist eine Debatte über die Bedeutung dieses Ruhezustands-Netzwerks entbrannt. Einige Psychologen betrachten das Gehirn in erster Linie als etwas Reflexives, das nur von den akuten Bedürfnissen angetrieben wird, die die Umwelt an uns stellt.

Daher halten es einige Wissenschaftler für Zeitverschwendung, das Gehirn in Ruhephasen überhaupt zu untersuchen. Noch radikaler ist die Annahme, dass die Reaktionen des Gehirns auf äußere Reize aus einem sogenannten »flachen Grundniveau« heraus entstehen. Mit anderen Worten, was in Ihrem Gehirn vor sich geht, während Sie gar nichts machen, ist aus wissenschaftlicher Sicht möglicherweise uninteressant – wenn Sie nichts tun, tut auch Ihr Gehirn nichts. Es gibt viele Gründe dafür, weshalb diese Ansichten in der Vergangenheit schwer zu widerlegen waren und weshalb sie es immer noch sind. Einer der schlagkräftigsten Gründe ist folgender: Es ist einfach bequem anzunehmen, dass es sich bei allem, was in Experimenten außerhalb der sorgfältig kontrollierten Abläufe geschieht, um Rauschen handelt, das Forscher getrost ignorieren können. Ein weiterer Grund mag sein, dass sich die meisten Psychologen und Neurowissenschaftler Konzepten zur Gehirnfunktion verschließen, die nicht aus ihrem eigenen Forschungsfeld stammen. Das Default-Mode-Netzwerk passt wunderbar in die sogenannte Komplexitätstheorie, auf die wir im Kapitel »Ihr Ich – ein selbstorganisiertes System« (ab Seite 105) zurückkommen werden.

Aber das Gehirn wartet nicht einfach tatenlos auf den nächsten Reiz, sondern ist fortwährend und spontan aktiv. Es erhält den Status quo, interpretiert, reagiert und sagt voraus. Das Gehirn verbraucht sogar mehr Energie für die spontane, immanente Aktivität als für die Ausführung bestimmter Aufgaben, beispielsweise acht mit sieben zu multiplizieren oder eine Tabelle auszufüllen. Nach Meinung des renommierten Neurowissenschaftlers György Buzáki, Professor am Rutgers Center for Molecular and Behavioral Neuroscience, entwickelt sich der größte Teil der Gehirnaktivität von innen heraus. Äußere Einflüsse führen normalerweise nur zu geringfügigen Störungen des intern gesteuerten Gehirnprogramms. Verstehen Sie mich nicht falsch: Damit sich das Gehirn normal entwickeln kann, sind Störungen von außen ganz entscheidend. Ein Gehirn kann sich nicht in der Isolation entwickeln, es muss durch Erfahrungen auf die äußere Welt »abgestimmt« werden. Dennoch hält sich das Gehirn als komplexes System mittels eigener Muster im Gleichgewicht. Wie bereits erwähnt, stammen die Konzepte hinter diesen Erkenntnissen über die Gehirnfunktion aus Bereichen außerhalb der Psychologie und Neurowissenschaft, etwa aus der Erforschung komplexer Systeme und der Physik. Bei der Frage, was die spontane Aktivität des Gehirns wirklich bedeutet, stehen wir noch ganz am Anfang. In den Kapiteln »Nichts als Rauschen« (ab Seite 49) und »Revolution oder Selbstmord«

(ab Seite 115) werden wir das ruhende Gehirn und seine Bedeutung für die Kreativität noch genauer untersuchen.

Es zeichnet sich jedoch bereits ab, dass Wahrnehmungen, Erinnerungen, Assoziationen und Gedanken womöglich einen ruhenden Geist brauchen, um den Weg durch unser Gehirn zu finden und neue Verknüpfungen zu bilden. Im Fernen Osten ist man sich dessen durch die traditionelle Meditation seit Jahrtausenden bewusst. Buddhistische Mönche üben sich darin, ihren Geist zur Ruhe kommen zu lassen. In den westlichen Ländern dagegen wird einem beigebracht, dass jeder Moment eines jeden Tages aktiv gestaltet werden muss. Tatsächlich ist es beinahe eine moralische Verpflichtung, so beschäftigt wie möglich zu sein. Ich werde versuchen aufzuzeigen, dass Sie für bestimmte Dinge, die das Gehirn gerne macht (beispielsweise kreative Lösungen zu finden, bei denen man »um die Ecke denken« muss), vielleicht nur sehr wenig tun müssen.

Wird Ihr Gehirn mit Reizen wie E-Mails, Anrufen, SMS, Facebook-Updates, Besorgungen, Autofahren, einem Gespräch mit dem Chef, dem Checken der To-do-Liste und so weiter bombardiert, ist es fortwährend mit der »Herausforderung des Augenblicks« beschäftigt. Die Formulierung stammt von Scott Makeig, Neurowissenschaftler und Leiter des Swartz Center for Computational Neuroscience in La Jolla, Kalifornien. Natürlich ist es sehr wichtig, auf den gegenwärtigen Augenblick reagieren zu können. Manchmal hängt unser Überleben von der Fähigkeit ab, sich dieser Herausforderung erfolgreich zu stellen. Dennoch: Wenn jede Minute an jedem Tag in jedem Monat in jedem Jahr aus solchen Augenblicken besteht, bleibt Ihrem Gehirn keine Zeit mehr, neue Verbindungen zwischen Dingen zu knüpfen, die auf den ersten Blick erst einmal gar nichts miteinander zu tun haben, oder dafür, Muster zu entdecken und neue Ideen zu entwickeln. Mit anderen Worten: kreativ zu sein.

Denker wie Bertrand Russell, Rainer Maria Rilke oder Oscar Wilde sind vielleicht auf etwas gestoßen, was erst heute durch die moderne Neurowissenschaft offengelegt wird. Alle diese Denker haben, genau wie viele andere auch, im Lauf ihres Lebens festgestellt, dass ein Mensch sein Potenzial nur durch Muße erreichen kann. Das mag paradox klingen, immerhin sind wir mit Weisheiten der Sorte »Müßiggang ist aller Laster Anfang« aufgewachsen. Aber gehen wir von dem Bild aus, das sich in der heutigen Neurowissenschaft von unserem Gehirn ergibt, ist es vielleicht kein Zufall, dass mit einer Erhöhung der Arbeitszeit eine Verschlechterung unseres seelischen Wohlbefindens und der körperlichen Gesundheit einhergeht.

Die Fähigkeit, neue Lösungen für Probleme zu finden, macht unser Gehirn im Tierreich einzigartig. Tiere, insbesondere nicht menschliche Primaten, sind gewiss kreativ. Dennoch sind sie nur innerhalb des engen Rahmens ihrer eigenen sinnlichen Wahrnehmung kreativ. Wir Menschen haben Technologien entwickelt, um unsere Erkenntnisse auf unsichtbare Bereiche des elektromagnetischen Spektrums auszuweiten, und bald werden wir vielleicht sogar in der Lage sein, unsere Erinnerung und Wahrnehmung mithilfe der Neurotechnologie auszudehnen. Viele Neurowissenschaftler sind der Meinung, dass der Bewusstseinsgrad des Menschen einzigartig ist. Wir Menschen sind die einzige Spezies, die ein Kommunikationssystem entwickelt hat, das uns erlaubt, Kunst zu erschaffen und uns komplexes Wissen anzueignen.

Gerade benutzen wir unser Gehirn, um unser Gehirn zu verstehen. Ein weiteres einzigartiges Merkmal von uns Menschen besteht darin, dass wir es uns aufgrund unserer Technologien und unserer Kultur erlauben können, faul zu sein. Wir halten vielleicht auch den Seeelefanten, der sich an der kalifornischen Küste räkelt, für faul, aber nichts könnte der Wahrheit ferner liegen. Der Seeelefant spart durch dieses Verhalten sein wertvolles Körperfett und seine Energie für die Momente auf, in denen er Nahrung im eiskalten Wasser jagen oder Haien entkommen muss.

―

Wie sind wir zu der Überzeugung gelangt, dass Nichtstun eine Sünde ist? In den USA hat man den Müßiggang immer schon gefürchtet. Die Puritaner glaubten, harte Arbeit sei der einzige Weg, Gott zu dienen. Im Europa des 16. Jahrhunderts, wo der Puritanismus seine Wurzeln hat, waren sowohl Luther als auch Calvin der Überzeugung, dass fortwährendes Tätigsein Gottes Wille sei, und sie wiesen jeden an, sich eine Arbeit zu suchen und sie auszuführen »wie ein Jahrhundertwerk, sodass er nicht achtlos umherirre«. Sogar Zwangsarbeit wurde befürwortet, damit Arme und Arbeitslose nicht vom »Pfad des tugendhaften Lebens« abkämen. Zu Luthers Zeiten war Europa von einer Urbanisierung geprägt, und die Bevölkerungszahl stieg rasant an. Dies führte zu überfüllten Städten, hoher Arbeitslosigkeit und zur Inflation. In Städten wie London, Venedig oder Amsterdam erhöhte sich die Zahl der Armen explosionsartig. Unfähig, die gesamtwirtschaftlichen Zusammenhänge zu begreifen, betrachteten Eiferer wie Luther die von der neuen städtischen Massenarmut Betroffenen als »gleichgültige Müßiggänger«, die mit harter Arbeit für die Todsünde der Faulheit bestraft werden sollten.

Wir können unsere heutige Besessenheit von Arbeit und Leistungsfähigkeit bis zu Luthers Fehlinterpretation zurückverfolgen, dass Armut eher von Faulheit herrührt als von komplexen sozioökonomischen Umständen. (Das wäre so, als würde man der Finanzkrise die Schuld für die Faulheit der Banker geben.) Müßiggang galt als etwas Böses. Wäre Luther Sozialist gewesen, hätten die US-Amerikaner heute vielleicht mehr als zwei Wochen Urlaub im Jahr.

Vor allem in den USA lassen sich die Folgen von Luthers fanatischer Anti-Müßiggang-Philosophie an den absurd kurzen Urlaubszeiten und an der zwanghaften Arbeitsmoral erkennen. (Nicht dass es diese Besessenheit nur in den USA gäbe – die Japaner haben sogar den Begriff *karoshi* erfunden, was so viel heißt wie »Tod durch Überarbeitung«.)

Auch der stetige Anstieg von Arbeitsstunden fällt auf, vor allem wenn man die aktuelle Flut von Büchern und Seminaren bedenkt, die es zu den Themen Zeitmanagement und »So schaffen Sie alles, und zwar sofort« auf dem Markt gibt. Bei Amazon habe ich über 95 000 Bücher zum Thema Zeitmanagement gefunden. Sie bräuchten schon ein sehr gutes Zeitmanagement, um all die Bücher über Zeitmanagement zu lesen, die es gibt. Ausgehend von einer durchschnittlichen Buchlänge von 200 Seiten müssten 19 Millionen Seiten über Zeitmanagement gelesen werden. Sie müssten 72 Jahre lang etwa drei Zeitmanagement-Bücher pro Tag lesen, um da durchzukommen.

Wenn diese Bücher wirklich Wirkung zeigen, wir durch sie also effizienter werden, weshalb arbeiten wir dann immer länger? Weshalb zeigt Studie um Studie dann, dass wir immer gestresster sind, unsere familiären Beziehungen immer schlechter werden, dass wir immer mehr wiegen und immer unglücklicher sind, weil wir zu viel arbeiten? Ist es nicht seltsam, dass die Zeitmanagement-Industrie immer mehr Bücher verkauft, unsere Arbeitszeit aber gleichzeitig immer länger wird? Um Bertrand Russell zu zitieren: »Kann man sich etwas Verrückteres vorstellen?«

Oder kann es sein, dass wir die Botschaft einfach nicht verstehen? Brauchen wir sogar noch mehr Zeitmanagement-Bücher und Six-Sigma-Seminare? Das zumindest ist es, was uns die missionarische Zeitmanagement-Industrie weismachen will. Ist es wirklich so, dass wir mehr Freizeit hätten, wenn wir nur mehr erledigen könnten?

Ich glaube im Gegenteil, dass unsere Zeitmanagement-Kultur und die Anzahl der Stunden, die wir mit professioneller Arbeit verbringen, in fundamentalem Widerspruch zueinander stehen. Je effektiver wir werden, umso mehr Druck bekommen wir, etwas zu tun. Es ist ein Teufelskreis, der von unserem Glauben herrührt, dass Zeit unter keinen Umständen verschwendet werden darf. Wie auch immer: Vergeudete Zeit hat keinen absoluten Wert wie Masse. Zeit kann man nur im Verhältnis zu einem bestimmten Kontext oder im Hinblick auf ein Ziel vergeuden. Während Sie dieses Buch lesen, vergeuden Sie Zeit im Hinblick auf Ihr Ziel, noch einkaufen zu gehen, bevor die Kinder abgeholt werden müssen. Im Grunde genommen verschwenden Sie, je nach Perspektive, immer Ihre Zeit.

Eine wissenschaftliche Betrachtungsweise des Gehirns verträgt sich nicht mit dem lutherischen oder christlichen Bild des Menschen, und sie verträgt sich auch nicht mit unserer Arbeitsmoral. Die viel gerühmte Arbeitsmoral ist, genau wie die Sklaverei, eine geplante kulturelle Erfindung, die von einer allgemein üblichen, aber falschen Vorstellung vom Menschen herrührt. Heute blicken wir auf das System der Sklaverei zurück und empfinden es als irrsinnig und entsetzlich. Mittlerweile ist uns klar, wie verquer allein die Idee der Sklaverei war. Vielleicht blicken wir eines Tages in ähnlicher Weise auf unsere Arbeitsmoral zurück. Wenn wir einmal bestimmte Fehler in unserer Betrachtungsweise des menschlichen Gehirns berichtigt haben, wird unsere überarbeitete Gesellschaft zukünftigen Generationen ähnlich irrsinnig und entsetzlich erscheinen.

In den frühen 1990er-Jahren wurde Steve Sampson, einer meiner Anthropologie-Professoren, als Berater für eine dänische Computerfirma angeheuert. Die dänische Firma wiederum wurde von einem Unternehmen in Rumänien beauftragt, die Arbeitsabläufe innerhalb des Unternehmens zu modernisieren. Die Dänen installierten Computer und richteten eine IT-Abteilung für die Rumänen ein. Alles schien wie geplant zu laufen, aber dann gab es ein Problem: Nachdem das Computersystem aktiviert war und die Angestellten eingewiesen worden waren, verließen die Menschen ihren Arbeitsplatz immer gegen Mittag. Verwirrt fragten die dänischen Manager, weshalb die Rumänen nach der Hälfte des Arbeitstages bereits wieder nach Hause gingen. Die Rumänen erklärten, dass die Computer es ihnen ermöglichten, die Arbeit eines ganzen Tages nun innerhalb eines halben zu schaffen, deshalb würden sie, sobald die Arbeit erledigt war, nach Hause gehen. Mein Professor, ein Anthropologe, wurde herbeizitiert, um bei der Suche nach einem Ausweg aus der darauf folgenden Minikrise zu helfen. Die Dänen waren verblüfft, dass die Rumänen, jetzt, da sie über Computer verfügten, nicht doppelt so viel arbeiten wollten wie bisher. Die Rumänen wiederum dachten, die Dänen müssten verrückt sein, wenn sie erwarteten, dass sie nun doppelt so viel arbeiten sollten, nur weil es schneller ging. Diese Geschichte ist nicht nur ein Beispiel für eine kulturelle Kluft, sie zeigt auch, dass Technologien wie Computer, die uns doch eigentlich mehr Freizeit verschaffen sollen, unsere Freizeit in Wirklichkeit einschränken oder sie sogar ganz aushebeln.

Viele von uns lesen die Zusammenfassungen wissenschaftlicher Studien zur Gesundheit, die in allen gängigen Zeitschriften oder Zeitungen erscheinen. Einige von uns versuchen, den wissenschaftlichen Ratschlägen zu gesundem Essen, zum Sport, zur Vorbeugung des geistigen Verfalls im Alter, zur Kindererziehung, zum gesunden Schlaf, zu Diabetes oder zur Vermeidung von Knieproblemen beim Joggen und so weiter zu folgen. Dieses Buch sollte auf ähnliche Weise gelesen werden, als ein Ratgeber zum Thema Nichtstun. Natürlich ist das »Wie« dabei einfach, aber das »Weshalb« bedarf einiger Erläuterungen. Der Müßiggang mag ein abscheuliches Monster sein, aber er ist ein Monster, das Sie kennenlernen sollten.

Vom evolutionären Standpunkt aus betrachtet – wenn man ein paar Millionen Jahre bis zu dem Zeitpunkt zurückgeht, als die dem Homo sapiens ähnlichen Arten fortschrittlichere Kulturen entwickelten – war die Fähigkeit, für die Zukunft zu planen, eines der Dinge, die uns vom Affen unterschieden.

So weiß man beispielsweise, dass Affen kompetente Werkzeugbenutzer sind, sie scheinen jedoch nur Werkzeuge in ihrer unmittelbaren Umgebung aufzugreifen. Schimpansen verwenden oft in der Nähe liegende Zweige, um Ameisen aus einer Kolonie zu locken, aber kein Schimpanse wurde je dabei beobachtet, dass er einen Zweig kilometerweit schleppte, im Wissen darum, dass er später wieder hungrig werden und unterwegs auf eine Ameisenkolonie stoßen könnte.

Die Vorfahren des Homo sapiens nahmen Werkzeuge an Orte mit, an denen sie ihnen ihrer Erfahrung nach nützlich sein würden (statt sich nur der Werkzeuge in der unmittelbaren Umgebung zu bedienen). Ihr Gehirn schien die Kapazität entwickelt zu haben anzuzeigen, dass sie in Zukunft wieder würden essen müssen, auch wenn sie in ebenjenem Moment gar keinen Hunger hatten. Statt sich also lediglich von ihrer aktuellen Situation, zum Beispiel dem Hungergefühl, antreiben zu lassen, bereiteten sich die Urmenschen nun auf zukünftige Situationen vor.

Um Vergangenes und Zukünftiges abbilden zu können, war zwangsläufig ein größeres Gedächtnis erforderlich. Vielleicht begann der rasante kulturelle Fortschritt des Menschen mit genau dieser Fähigkeit: für zukünftige Situationen zu planen, in denen man Hunger haben, frieren oder durstig sein würde, anstatt nur auf die unmittelbaren Bedürfnisse zu reagieren.

Es ist interessant, darüber nachzudenken, wann der Begriff »Arbeit« mit der menschlichen Kultur verschmolz. Wahrscheinlich geschah dies erst, nachdem sich die Sprache entwickelt hatte. Es darf bezweifelt werden, dass Schimpansen irgendeine Vorstellung von Arbeit haben, aber es sind sehr soziale Tiere, und es gibt Belege dafür, dass sie bis zu einem bestimmten, wenn auch sehr geringen Grad für die Zukunft planen können.

Die Trennung unserer menschlichen Linie von der der Schimpansen vollzog sich vor etwa 5 bis 7 Millionen Jahren, und vor etwa 1,8 Millionen Jahren begann sich erstmals etwas zu entwickeln, das der menschlichen Kultur ähnelte. Die Sprache ist noch jüngeren Datums. Wann also hat »Arbeit« im Sinne von etwas Beschwerlichem und zwingend Erforderlichem die bloße Aktivität ersetzt, die abhängig von äußeren oder inneren Reizen stattfand? Es muss eine Art höheres bewusstes Reflektieren geben, damit man sagen kann, dass man arbeitet und eben nicht einfach nichts tut oder nur versucht, seinen Hunger zu stillen.

Die Kehrseite der »Müßiggang ist gut für das Gehirn«-Medaille ist, dass unser Gehirn vom Aufbau her beschränkt ist. James Cameron hätte *Avatar* nie auf einem einzelnen normalen Computer produzieren können, und auf ganz ähnliche Weise ist auch ein einzelnes menschliches Gehirn nur in der Lage, eine beschränkte Anzahl von Informationen zu verarbeiten.

Es hat Millionen von Jahren gedauert, bis sich unser Gehirn entwickelt hat, und dies in Umgebungen, die ganz anders waren als beispielsweise ein modernes Büro. Erst vor etwa 5000 Jahren begannen die Menschen mit Lesen und Schreiben. Deshalb ist es für uns immer noch enorm schwierig, lesen zu lernen – uns fehlen dazu die genetisch festgelegten Nervenstrukturen. Wenn wir lesen lernen, muss unser Gehirn dafür andere Strukturen neu verwerten. Die Sprache wiederum hat sich viel früher entwickelt, und normalerweise bereitet es uns keine großen Probleme, sprechen zu lernen. Wann immer sich ein gesundes Gehirn in einer Sprachgemeinschaft wie etwa dem Englischen, Spanischen oder Chinesischen entwickelt, vollzieht sich der Spracherwerb in bestimmten Stufen.

Wir haben Gehirnstrukturen entwickelt, die auf die Sprachwahrnehmung und -erzeugung abgestimmt sind. Bis zum Eintritt ins Erwachsenenalter haben wir unsere Muttersprache ohne spezielle Anleitungen erlernt. Im Gegensatz dazu können aber viele ansonsten gesunde Menschen mit normal funktionierendem Gehirn auch im Erwachsenenalter noch nicht lesen.

Ich weise deswegen auf das Lesen hin, weil unsere moderne Lebensweise und unsere Arbeitsmoral noch wesentlich neuere kulturelle Erfindungen sind. Der schwedische Neurowissenschaftler Torkel Klingberg formuliert diesen Sachverhalt so: »Steinzeitgehirn trifft auf Informationszeitalter.« Wir haben beispielsweise keine genetisch festgelegten Hirnstrukturen für das Multitasking, und mittlerweile belegen Studien, dass wir bei dem Versuch, mehrere Aufgaben gleichzeitig zu erledigen, bei jeder einzelnen von ihnen schlechter abschneiden.

In einer berühmten Forschungsreihe wollte Clifford Nass, Professor für Kommunikationswissenschaften an der Stanford University, herausfinden, was Multitasker zu ihrem Können befähigt. Professor Nass bewunderte seine Kollegen und Freunde, die behaupteten, erfahrene Multitasker zu sein, Menschen also, die sich mit drei Personen gleichzeitig unterhalten können, während sie nebenbei E-Mails beantworten und im Internet surfen.

In einem der Experimente, an denen Menschen mit hohen und Menschen mit geringen Multitaskingfähigkeiten teilnahmen (Letztere also Menschen, die normalerweise nicht versuchen, mehr als eine Sache zur selben Zeit zu tun), zeigte Professor Nass seinen Probanden für einen kurzen Moment ein Bild mit zwei roten Dreiecken, die von zwei, vier oder sechs blauen Vierecken umgeben waren. Dann zeigte er ihnen das

Bild noch einmal und änderte manchmal die Position der roten Dreiecke.

Den Probanden wurde gesagt, sie sollten die blauen Vierecke ignorieren und beurteilen, ob sich die Position der roten Dreiecke geändert habe. Es stellte sich heraus, dass diejenigen mit geringen Multitaskingfähigkeiten kein Problem mit der Aufgabe hatten. Die Probanden mit hohen Multitaskingfähigkeiten schnitten miserabel ab. Sie konnten die blauen Vierecke nicht ignorieren und nicht sagen, ob sich die Position der roten Dreiecke verändert hatte. Multitasker sind demnach nicht in der Lage, irrelevante Informationen herauszufiltern, weil ihre Aufmerksamkeit vollkommen von den Aufgaben in Anspruch genommen wird, die sie gerade nicht erledigen. Mit anderen Worten, ein Multitasker kann zwischen wichtigen und unwichtigen Informationen überhaupt nicht unterscheiden, weil er gar nicht weiß, was er in einem bestimmten Augenblick tut.

Der sicherste Beweis dafür ist, dass jedes Jahr geschätzte 2600 Todesfälle und 330 000 Unfälle durch Menschen verursacht werden, die am Steuer ihres Wagens zum Handy gegriffen haben. Multitasking ist ein zwanghaftes Verhalten, das sogar zu einem Zustand führen kann, der dem Aufmerksamkeitsdefizit-/Hyperaktivitätssyndrom (ADHS) bei Erwachsenen ähnelt.

Der Psychiater Edward Hallowell nannte das, was chronische Multitasker in ihrem Verhalten zeigen, ein »Aufmerksamkeitsdefizit-Syndrom«. Seiner Meinung nach trägt zu diesem Problem auch die Gestaltung unseres modernen Arbeitsumfelds bei, in dem ein normaler, ausgesprochen leistungsfähi-

ger Mensch Schwierigkeiten damit hat, Aufgaben zu bewältigen, leicht abgelenkt wird und geistesabwesend ist. Heute wird
ein Informationsarbeiter bei seiner Arbeit im Durchschnitt alle
drei Minuten durch Instant Messages, E-Mail-Signale oder Te-
lefonanrufe unterbrochen. Schätzungen zufolge verbringt man
etwa 25 bis 50 Prozent des Arbeitstages nur damit, sich von den
Unterbrechungen wieder zu erholen und sich dabei zu fragen:
»Wo war ich gerade?« Eine Intel-Studie hat ergeben, dass dem
Unternehmen durch die Folgen dieser Unterbrechungen der
Produktivität eine Milliarde Dollar pro Jahr verlorengehen. Die
moderne Technologie kann uns also im wahrsten Sinne des
Wortes verblöden lassen.

Es ist unsere Entscheidung, ob wir uns unserer Grenzen bewusst werden und innerhalb dieser Grenzen leben. Wer derartige Stressfaktoren aus dem Weg räumt, kann das Leben genießen, was wiederum zu einer weiteren Stressminderung führt.
Torkel Klingberg stellt fest: »Wenn wir unsere Grenzen festlegen und ein optimales Gleichgewicht zwischen den kognitiven
Anforderungen und unseren Fähigkeiten finden [...], empfinden wir nicht nur eine tiefe Befriedigung, sondern reizen unsere Gehirnkapazität auch voll aus.« Dieser Prozess ist eine positive Feedbackschleife, was auch eine Eigenschaft nichtlinearer
Systeme ist. Dieser Prozess besteht zu einem großen Teil aus
Müßiggang.

Unser Körper wurde für eine proteinreiche Ernährung geschaffen und für lange Phasen leichter körperlicher Aktivität
wie Gehen oder Joggen, die von Phasen des Nichtstuns durch-

setzt sind. Wenn wir unser geistiges Fassungsvermögen über einen längeren Zeitraum hinweg überstrapazieren, führt das zu schlechteren Leistungen im Job, zu Erschöpfung und letztendlich zu chronischen physischen oder psychischen Erkrankungen.

Tatsächlich bestand das Leben der Cro-Magnon-Menschen mehr aus Freizeit als aus Arbeit. Damals verstand man unter Arbeit die Jagd oder das Sammeln von Nahrung. Es ist allgemein anerkannt, dass die Fähigkeit der Cro-Magnon-Menschen, nichts zu tun, zu der »kreativen Explosion« in der Evolution des Menschen geführt hat. Biologisch gesehen ist unser Gehirn mit dem des Cro-Magnon-Menschen fast identisch. Sind die Grundbedürfnisse – Nahrung, Unterschlupf, Schutz vor den Naturgewalten und anderen Gefahren – erst einmal befriedigt, ist es nicht mehr notwendig zu arbeiten.

Wir werden nun erkunden, was unser erstaunliches Gehirn tut, wenn wir nichts tun. Mein Ziel ist es, Ihnen wasserdichte wissenschaftliche Ausreden für die Faulheit zu liefern. Aber ich werde Ihnen auch mögliche neurowissenschaftliche Erkenntnisse über den Zusammenhang zwischen Müßiggang und Kreativität präsentieren. Und letztendlich hoffe ich, die ersten Nägel in den Sarg der unerträglichen Zeitmanagement-Industrie schlagen zu können.

2 | Nichts als Rauschen

»Es ist ein immer wiederkehrendes Motiv in der Wissenschaft, das Geheimnis der Naturphänomene zu enthüllen, die für andere früher einmal ›fremdes Rauschen‹ waren.«

Alfred Bedard Jr. und Thomas George

Lassen Sie uns zu unserem ruhenden Gehirn zurückkehren. Die Entdeckung des Default-Mode-Netzwerkes im Gehirn ist noch ganz frisch. Man hat sie mit der Entdeckung der allgegenwärtigen »dunklen Energie« im Universum verglichen.

Sich vorzustellen, dass es tatsächlich eine »dunkle Seite der Macht« gibt, über die wir so gut wie nichts wissen, ist beunruhigend – genauso unheimlich ist es, darüber nachzudenken, dass unser Gehirn all diese Dinge tut, während wir bloß dasitzen und in die Luft starren. Für einen großen Teil der modernen Wissenschaftsgeschichte gilt, dass das, was anfangs wie Rauschen erschien, eigentlich eine tiefere Wahrheit beinhaltet, die wir nur noch nicht verstehen. In der Neurowissenschaft und der Psychologie wurde die spontane Aktivität des Gehirns bis vor Kurzem noch als Rauschen eingestuft. Aber es könnte sich herausstellen, dass in diesem Rauschen der Schlüssel zum wahrhaftigen Verständnis unseres Geistes liegt.

Wissenschaftler wie Buzáki und Raichle schätzen, dass unser Gehirn um die 90 Prozent seiner Energie darauf verwendet, die laufende Gehirnaktivität zu unterstützen. Das bedeutet: Unabhängig davon, was Sie gerade tun, benötigt das ruhende Gehirn einen Großteil seines gesamten Energiebedarfs. Dies ist auch unter dem Begriff »intrinsische Gehirnaktivität« bekannt. Wenn Sie Ihr Default-Mode-Netzwerk durch Nichtstun aktivieren, stabilisiert es sich. Unser Gehirn scheint also gegen den zweiten Hauptsatz der Thermodynamik zu verstoßen, der besagt, dass Dinge, die man nicht beachtet, im Allgemeinen chaotischer werden und an Wärme verlieren. Dies nennt man Entropie. Daher wird Ihre Küche immer schmutziger, je länger Sie sie nicht saubermachen. Für unser Gehirn gilt der Spruch »Der Abwasch erledigt sich nicht von allein« allerdings nicht.

Ganz im Gegenteil: Wenn Sie an einem sonnigen Nachmittag entspannt im Gras liegen und auf diese Weise wichtige Gehirnregionen sich selbst überlassen, werden Bereiche des Default-Mode-Netzwerkes geordneter und aktiver. Im Gehirn erledigt sich der Abwasch in der Tat von allein, solange Sie ihn nur in Ruhe lassen. Ihr Gehirn ist niemals müßig. Tatsächlich arbeitet es vielleicht noch härter, wenn Sie selbst nicht arbeiten.

Irgendwann werden die Physiker akzeptieren, dass das Universum – falls wir mit unserem Wissen über das Weltall nicht vollkommen falschliegen – größtenteils aus dunkler Energie besteht. Ebenso gut kann es sein, dass derzeit ein großer Teil des Gehirns von der kognitiven Neurowissenschaft und der Psychologie ignoriert wird.

Bei psychologischen Experimenten mit bildgebenden Verfahren werden die Aktivitätslevel im Gehirn gemessen, um herauszufinden, was sich während der Durchführung von Aufgaben in bestimmten Gehirnstrukturen abspielt. Ich habe bereits dargelegt, dass es in der Hirnforschung eine Annahme gibt, der zufolge es sich bei jeder entdeckten Aktivität, die nicht vom Experiment selbst beeinflusst ist, lediglich um Rauschen handelt. Bevor seine Existenz bewiesen wurde, galt das Default-Mode-Netzwerk des Gehirns für gewöhnlich als »fremdes Rauschen«. Verwechseln Sie dies bitte nicht mit dem Mythos, dass wir nur zehn Prozent unseres Gehirns nutzen. Wissenschaftler haben herausgefunden, dass wir die gesamte Gehirnkapazität nutzen – nur anders, als allgemein angenommen wird.

Durch eine geistige Aufgabe, etwa die Vervollständigung einer To-do-Liste, kommt es in der laufenden Gehirnaktivität nur zu kleinen Störungen. So macht zum Beispiel die neuronale Energie, die benötigt wird, um in einem Laborexperiment jedes Mal, wenn man ein rotes Licht sieht, einen Knopf zu drücken, nur einen Bruchteil (gerade einmal 0,5 Prozent) der Gesamtenergie aus, die das Gehirn in jedem Augenblick verbraucht.

Im Vergleich dazu verbraucht das Default-Mode-Netzwerk einen weit höheren Anteil der Gesamtenergie Ihres Gehirns. Marcus Raichle und andere Neurowissenschaftler versuchen nun herausfinden, was genau Ihr Gehirn eigentlich tut, wenn es, während Sie gedanklich abdriften, derart viel Energie verbraucht.

Zu den markantesten Eigenschaften unseres Gehirns gehört, dass es in puncto Energieverbrauch so gierig ist wie Goldman

Sachs. Obwohl sein Gewicht nur etwa zwei Prozent des Gesamtkörpergewichts entspricht, verbraucht das Gehirn ganze zwanzig Prozent der Körperenergie. Mit anderen Worten, Ihr Gehirn ist ein Schwein, und es ist egoistisch. Vielleicht ist dies der Grund dafür, dass Ultra-Ausdauer-Athleten manchmal zu halluzinieren beginnen, nachdem sie achtzig Kilometer gerannt sind oder wenn sie an mörderischen Radrennen wie dem Race Across America teilnehmen, bei dem nahezu ohne Pause von Kalifornien bis nach Maryland gefahren wird.

Wenn beispielsweise während einer verrückten Ausdauer-Challenge der Blutzucker sinkt und man übermüdet ist, werden sich körperliche Probleme als Erstes auf der Bewusstseinsebene zeigen. Dies ist ganz allgemein der Fall, besonders aber während einer körperlichen Anstrengung.

Vorgänge im Gehirn, die nicht unmittelbar für das Überleben notwendig sind – wie etwa, schlüssig denken zu können –, werden ausgesetzt, sodass das Gehirn während eines Abfalls des Blutzuckerspiegels oder bei Elektrolyt- und Wassermangel in der Lage ist, wichtige Funktionen wie die Atmung aufrechtzuerhalten. Auch Verwirrung und Halluzinationen sind Warnsignale des Gehirns, die uns mitteilen sollen, dass wir kurz davor sind, unserem Körper zu schaden. Die nächste Stufe ist die Bewusstlosigkeit – der allerletzte Versuch des Gehirns, unseren Körper davor zu schützen, sich zu Tode zu sporteln.

Das funktioniert nicht immer. Jedes Jahr sterben einige Teilnehmer bei Marathonläufen, weil sie ihr Gehirn und ihren Körper ungewollt über eine bestimmte kritische Grenze hinaus strapaziert haben. Das Gehirn wird immer versuchen, seinen überproportionalen Anteil an der Gesamtenergie des Körpers zu nutzen. Deswegen werden Sie zum sabbernden Zombie, wenn Sie körperlich erschöpft sind.

Stellen Sie sich nun Folgendes vor: Sich in einem Marathon zu Tode zu laufen ist eine verkürzte Version Ihres gesamten Lebens!

Wenn Sie während eines Marathons an die Grenzen Ihrer körperlichen Belastbarkeit stoßen, wird Ihr Gehirn Ihnen immer wieder Warnungen schicken. Ihre Muskeln ermüden, und Sie wird der unbändige Drang überkommen, einfach stehen zu bleiben. Vielleicht verlieren Sie auch die Orientierung und haben kurzzeitig Wahrnehmungsstörungen.

Einige Menschen können diese Warnungen ausblenden und sich selbst bis zu dem Punkt treiben, an dem es kein Zurück mehr gibt. Auf lange Sicht warnt uns unser Gehirn ebenfalls ständig auf eine weniger intensive, aber nicht weniger perfide Weise, wenn wir viel zu viel arbeiten. Hochgerechnet auf ein Menschenleben kann fortwährender Stress durch Überarbeitung das Risiko für Depressionen, Herzerkrankungen, Schlaganfälle und bestimmte Krebsarten erhöhen. Eine lange, entsetzliche Liste.

Und dennoch fühlen wir uns dazu verpflichtet, unsere Gesundheit langfristig aufs Spiel zu setzen, um extrem hart zu arbeiten – in Jobs, die uns nicht besonders gefallen, um uns Dinge zu kaufen, die wir nicht unbedingt wollen. Dieses Phänomen ist auch als »freie Marktwirtschaft« bekannt. Unter Politikern, Geschäftsführern und Bankern gilt sie auch als die höchste Form der Gesellschaftsordnung, die die Menschheit erreicht hat.

Nur wenige Menschen fürchten Übergewicht mehr als den Terrorismus, und doch stellt Fettleibigkeit für ihr Leben statistisch gesehen eine größere Bedrohung dar. Wir wissen nicht, in welchem Ausmaß Stress und Überarbeitung zu einer geringeren Lebenserwartung beitragen. Aber wir wissen, dass Fettleibigkeit mit dem Umstand zusammenhängt, jeden Tag mit chronisch leicht erhöhtem Stresspegel am Schreibtisch zu sitzen. Wenn Sie wüssten, dass Ihnen mehr Lebensjahre geschenkt würden, wenn Sie jeden Tag mehr Zeit mit Nichtstun verbrächten (vorzugsweise, indem Sie mit einer guten Flasche Wein auf einer Decke unter einem Baum lägen), was würden Sie tun?

———

Das Erstaunliche am Default-Mode-Netzwerk (und Thema dieses Buches) ist, dass seine Aktivität *ansteigt,* wenn wir nichts tun. Was genau bedeutet das? Aus der Sicht eines Forschers, der bildgebende Verfahren wie die fMRT benutzt, bedeutet es, dass die Aktivität in diesem Netzwerk nach oben schießt, sobald die Probanden in der Röhre liegen und gar nichts tun.

Das Default-Mode-Netzwerk wird durch das Blut vermehrt mit Sauerstoff versorgt. Es verbraucht mehr Glukose und andere Stoffwechselprodukte des Gehirns. Und die Aktivitäten in jedem Bereich dieses Netzwerks korrelieren miteinander.

Anhand der sogenannten »Graphentheorie« können Wissenschaftler messen, wie gut die Informationen im Default-Mode-Netzwerk fließen.

Die Graphentheorie ist ein Teilgebiet der Mathematik, das im 18. Jahrhundert entwickelt wurde. In letzter Zeit war sie bemerkenswert nützlich, um alle möglichen Arten komplexer Netzwerke zu analysieren, allen voran das Gehirn.

Netzwerke setzen sich aus Knoten und sogenannte Kanten zusammen. Die Kanten sind Linien, die zwischen den Knoten gezogen werden und anzeigen, dass es eine Verbindung zwischen den beiden Knoten gibt und Informationen zwischen diesen Knoten ausgetauscht werden können. Manchmal kann Information nur in eine Richtung fließen; dies wird dann gerichtete Kante genannt. In anderen Fällen können Informationen zwischen den Knoten hin- und herfließen; dies wird ungerichtete Kante genannt. Das wirklich Nützliche an der Graphentheorie ist, dass man sie zur Untersuchung der unterschiedlichsten Dinge heranziehen kann, etwa zur Untersuchung des Luftverkehrs, des Internets oder sozialer Netzwerke. Bilden Teile eines Systems ein komplexes Netzwerk, ist die Beziehung dieser Teile zueinander von größerer Bedeutung als ihre eigentliche mikroskopische Struktur.

Im Gehirn setzen sich die Knoten aus anatomisch eindeutigen Strukturen zusammen. Die Knoten sind durch Kanten verbunden, die die Form von Axonen haben. Bereiche des Gehirns, die physisch miteinander verbunden sind, werden »strukturelle Netzwerke« genannt. Das Gehirn setzt sich aus verschiedenen

Teilen zusammen, genau wie der Körper aus einzelnen Teilen wie beispielsweise Herz und Lunge besteht. Diese unterschiedlichen Teile oder Regionen sind durch Gebilde verbunden, die aussehen wie die Finger von Außerirdischen und Faserbahnen genannt werden. Das strukturelle Netzwerk des Gehirns ist dicht von lokalen Clustern durchsetzt, die untereinander und mit dem allgemeinen Netzwerk in Verbindung stehen. Vielleicht sind Ihnen bekanntere Hirnregionen wie der präfrontale Cortex bereits ein Begriff.

Wir können uns die Knoten wie Flughäfen vorstellen, und wir alle kennen Luftfahrtdrehkreuze wie Chicago, Heathrow oder Frankfurt. Im Vergleich zu Regionalflughäfen sind diese Flughäfen riesig, und an ihnen wird wesentlich mehr Luftverkehr abgewickelt als an den kleineren. So wie ein Flug von München nach Tunis manchmal erst über Paris geht, das in entgegengesetzter Richtung liegt.

Das Gehirn funktioniert genauso. Es gibt dort bestimmte Strukturen, die über sehr viel mehr Verbindungen verfügen als andere Regionen. Dies sind die sogenannten Hubs. Wenn Sie nichts tun, flammt die Aktivität der Gehirn-Hubs auf. Wenn Sie sich entspannen und sich Tagträumen hingeben, strömt vermehrt Blut, also auch Sauerstoff und Zucker, in die Hubs Ihres Default-Mode-Netzwerks.

In den letzten zwanzig Jahren haben Technologien wie die MRT oder PET (Positronen-Emissions-Tomographie) es Wissenschaftlern ermöglicht, in das lebende Gehirn zu blicken, Momentaufnahmen seiner Aktivität zu machen oder zu messen, wie viel Energie bestimmte Gehirnregionen verbrauchen, während die Probanden Experimente durchführten. Heute wissen wir, dass jede anatomisch eindeutige Gehirnstruktur auf etwas spezialisiert ist.

Denken Sie nur an das Herz. Es ist ein spezialisierter Körperteil, der Blut zirkulieren lässt. Das Herz selbst besteht aus kleineren Teilen, und jeder von ihnen hat eine noch speziellere Funktion. Der linke Vorhof beispielsweise pumpt mit Sauerstoff angereichertes Blut zur Aorta, die es im Rest des Körpers weiterverteilt.

Auf ähnliche Weise ist im Gehirn der präfrontale Cortex an der sogenannten »High Level«-Informationsverarbeitung beteiligt, beim Nachdenken etwa, beim Kurzzeitgedächtnis, bei der Gefühlskontrolle, bei der Planung von Aktivitäten und dabei, sich relevante Erinnerungen ins Bewusstsein zu rufen. Eine andere Gehirnregion, der Hippocampus (Teile davon sind im Ruhezustand aktiv), ist verantwortlich dafür, Langzeiterinnerungen hervorzubringen und sie in einer weiteren Gehirnregion namens Neocortex zu speichern.

Der präfrontale Cortex entscheidet, wann es wichtig ist, bestimmte Erinnerungen oder Informationen aufzurufen, die im Neocortex gespeichert sind. Jede dieser Regionen kann wiederum in noch kleinere Subregionen unterteilt werden, die – zusammen – größere Aufgaben durchführen, etwa: »Erinnere dich an den Namen der Frau, deren Kind mit meinem Sohn in die Krippe geht und die ich jeden Tag sehe und die meinen Namen kennt.«

Stellen Sie sich beispielsweise vor, Sie treffen Ihre Tante Lisa. In Ihrem Neocortex sind alle möglichen Informationen über Ihre Tante Lisa gespeichert. Diese Informationen sind über den gesamten Cortex verteilt und müssen neu zusammengestellt werden, wenn Sie sie aufrufen. In dem Moment, in dem Sie Tante Lisa treffen, erinnern Sie sich daran, dass sie einen Terrier hat, in München lebt und mit Ihrem Onkel Robert verheiratet ist. Ihr präfrontaler Cortex hilft dabei, Ihnen all diese Informationen ins Bewusstsein zu rufen, weil sie, wenn Sie mit Tante Lisa sprechen, plötzlich wichtig sind.

Umgekehrt gelangt jede neue Information, die Sie von Ihrer Tante Lisa erhalten, inklusive der aktuellen Episode, in der Sie sie treffen, von Ihrem Bewusstsein (das viele Teile Ihres Gehirns einschließt) in Ihren Hippocampus. Dann, wenn Sie tief und fest schlafen, sich eine Weile entspannen oder auch nur ein Nickerchen machen, schreibt der Hippocampus diese neuen Erinnerungen sozusagen in Ihrem Neocortex fest, in dem Ihre Langzeiterinnerungen gespeichert sind. Dies wird Gedächtniskonsolidierung genannt. Die Gedächtniskonsolidierung ist besonders dann von Bedeutung, wenn Sie neue Ideen entwickeln oder neue Fähigkeiten erlernen. Das Beste, was Sie tun können, wenn Sie neue Informationen erhalten haben, ist also, ein Nickerchen zu machen oder wenigstens nichts zu tun.

Der präfrontale Cortex, der Hippocampus und Teile des Neocortex müssen miteinander kommunizieren, um all das bewerkstelligen zu können. Die Nervenzellen und die Gehirnregionen senden und empfangen Informationen unter anderem durch die Synchronisation ihrer elektrischen Schwingungsaktivität. Wir verstehen noch nicht genau, wie das vonstattengeht, aber wenn Informationen zwischen Knoten hin und her reisen müssen, werden die Informationen dazu mittels unterschiedlicher Frequenzen verschlüsselt, die dann übereinander »reiten« wie Meereswellen.

Wellen mit hoher Frequenz können nur über kurze Distanzen reisen, Wellen mit einer niedrigen Frequenz sehr viel weiter. Folglich scheint es so zu sein, dass Informationen, die in hohen Frequenzen verschlüsselt sind, auf Wellen mit niedriger Frequenz »reiten«, da diese die Informationen zu weiter entfernten Gehirnregionen bringen können. 2004 reagierten in Thailand Elefanten und andere Tiere auf den nahenden Tsunami – ein faszinierendes Beispiel für die Wahrnehmung von Wellen mit extrem niedriger Frequenz und großer Reichweite. Stunden bevor irgendein menschliches Wesen die ultra-niederfrequenten Schwingungen der gigantischen Welle wahrnahm, spürten die Elefanten sie und brachten sich rechtzeitig auf den Hügeln vor der zerstörerischen Flut in Sicherheit. Der Grund dafür ist, dass Elefanten Frequenzen hören und fühlen können, die weit unterhalb des für den Menschen wahrnehmbaren Schwellenwertes liegen. Diese niederfrequenten Schallwellen können Hunderte von Kilometern reisen.

Menschliche Nervenzellen schwingen normalerweise zwischen 0.5 Hertz und mehr als 100 Hertz. Dennoch scheinen die typischen Schwingungen unserer Gehirnaktivität bei Frequenzen zwischen 1 und 40 Hertz aufzutreten. Die vorherrschende Frequenz wird »Alpha« genannt und liegt bei ungefähr 10 Hertz. In den Netzwerken des Gehirns muss der Knoten, der die Information empfängt, zumindest teilweise synchron mit dem Knoten schwingen, der die Information sendet.

Muss der präfrontale Cortex beispielsweise einige Zusammenhänge aus dem semantischen Gedächtnis abrufen, wird er seine Schwingungen augenblicklich mit Teilen des Temporallappens synchronisieren, dem Ort, an dem die Bedeutung von Wörtern gespeichert ist. Wie diese Synchronisation erreicht wird, ist auch heute noch ein Rätsel.

Das präzise Timing und das räumliche Ausmaß dieser Synchronisation bilden zusammen den sogenannten »neuronalen Code«. Er ist die Geheimsprache des Gehirns, und der Heilige Gral der Neurowissenschaft besteht darin, diesen neuronalen Code zu knacken. Er nutzt elektrische und chemische Signale in komplexen Mustern, die es uns ermöglichen zu sprechen, zu lesen, zu denken, uns zu erinnern, zu gehen, Autoren zu werden, Babys zu machen und – natürlich – müßig zu sein.

Wenn anatomisch eindeutige Gehirnregionen zusammenarbeiten, etwa bei einem Treffen mit Tante Lisa, bilden sie vorübergehend »funktionale Netzwerke«. Diese Netzwerke sind in dem Sinne funktional, dass sie nur gebildet werden, um eine bestimmte Aufgabe zu bewerkstelligen, etwa weitere Nebensächlichkeiten über Tante Lisa abzuspeichern. Funktionale Netzwerke können kurzlebig sein und nur einige Hundert Millisekunden andauern. Eine ungelöste Frage der Neurowissenschaft lautet, ob vorübergehende funktionale Netzwerke die ihnen zugrunde liegenden strukturellen Netzwerke verändern können. Anders ausgedrückt: Wenn der Luftverkehr von und nach Bozeman, Montana, die Kapazität dieses Flughafens überstiege, würde die Stadt den Flughafen ausbauen – was womöglich sogar zu noch mehr Luftverkehr führen würde?

Es gibt Beweise für umfangreiche neuronale Plastizität bei Musikern. Sie haben im Vergleich zu Nichtmusikern sehr viel größere neuronale Strukturen, die im Motorcortex ihre Hände und Finger repräsentieren. Aber vermutlich haben sich diese Veränderungen im Lauf vieler Jahre des Übens entwickelt. Dasselbe gilt für Menschen, die zweisprachig aufgewachsen sind: Sie besitzen im Temporallappen des Gehirns zusätzliche neuronale Strukturen für Sprachen. Londoner Taxifahrer haben bekanntermaßen einen großen Hippocampus, besonders in den Bereichen, die uns helfen, zu fahren und uns an Orte zu erinnern. Es ist, als ob sich das Gehirn zum Ausbau der Flughäfen in diesen Regionen entscheidet, um dem zunehmenden Luftfahrtverkehr dort gerecht zu werden. Man weiß nicht, wie schnell es zu diesen strukturellen Veränderungen im Gehirn kommen kann. Was wir zum jetzigen Zeitpunkt aber wissen, ist, dass die neuronale Plastizität des Gehirns unser ganzes Leben hindurch möglich ist. Es ist daher tatsächlich niemals zu spät, ein neues Instrument oder eine neue Sprache zu lernen oder sein Leben radikal zu verändern: Auch Ihr Gehirn wird sich verändern.

Für Erwachsene können diese Veränderungen mitunter anstrengend sein, aber sie wirken sich auf lange Sicht oft positiv auf die Gesundheit des Gehirns aus. Unklar ist auch, ob faule Menschen größere oder aktivere Default-Mode-Netzwerke haben. Wäre dies dann eine Ursache oder ein Ergebnis ihres Nichtstuns? Wenn man 10 000 Stunden braucht, bis man ein Geigenvirtuose wird, wie viele Stunden des Nichtstuns sind dann erforderlich, um ein meisterhafter Müßiggänger zu werden?

Wie gut die Knoten in Ihrem Default-Mode-Netzwerk miteinander kommunizieren, lässt sich anhand der sogenannten »funktionellen Konnektivität« feststellen. Sie wird zur Messung der Funktionstüchtigkeit Ihres Leerlaufnetzwerkes genutzt und kann auch Auskunft über die Gesundheit Ihres Gehirns im Allgemeinen geben (ähnlich der Überprüfung, wie schnell und sicher der Luftverkehr zwischen einzelnen Flughäfen abgewickelt wird).

Wenn Sie sich ausruhen, kann mithilfe von fMRT-Daten überprüft werden, ob die Knoten Ihres Default-Mode-Netzwerkes gemeinsam aktiv sind. Man kann erkennen, ob in diesen Regionen zeitgleich der Sauerstoffgehalt im Blut ansteigt oder sinkt. Haben Sie ein gesundes Gehirn, werden Sie während einer Ruhephase eine hohe funktionelle Konnektivität in Ihrem Default-Mode-Netzwerk aufweisen. Wenn Sie älter werden, nicht genug Schlaf bekommen, wenn Sie Alzheimer haben oder einen Schlaganfall hatten, nimmt die funktionelle Konnektivität in Ihrem Gehirn ab, vielleicht aufgrund von Schädigungen der Netzwerkknoten.

Daraus lässt sich schließen, dass auch ein Leben voll extremer Produktivität und sinnloser Geschäftigkeit die funktionelle Konnektivität Ihres Default-Mode-Netzwerkes absinken lässt. Bis zu dem Zeitpunkt, als Marcus Raichle das Ruhezustands-Netzwerk entdeckte, waren für Neurowissenschaftler einzig die funktionalen oder strukturellen Netzwerke von Bedeutung gewesen, die während der streng überwachten Experimente aktiv wurden. Das liegt daran, dass die meisten Hirnforscher und Psychologen annehmen, der vorrangige Zweck des Gehirns sei es, Informationen von außen zu verarbeiten.

Bis vor Kurzem konnte nur untersucht werden, wie Menschen auf äußere Reize reagieren. Erst als Technologien entwickelt wurden, mit denen man in das lebende Gehirn sehen und seine Aktivität während einer Ruhephase messen konnte, entdeckte man, dass der Großteil der Gehirnaktivität internen Vorgängen gilt.

Diese Erkenntnis schmälert in keiner Weise die Bedeutung dessen, was wir über die Reaktion verschiedener Gehirnsysteme auf die Umwelt gelernt haben. Das motorisches System (in der Fachsprache »extrapyramidal-motorisches System« genannt) beispielsweise formuliert Befehle und gibt diese an die Nerven und Muskeln in Ihren Gliedmaßen weiter, damit diese Aktionen durchführen oder auf äußere Ereignisse reagieren, etwa einen nahenden Aufschlag beim Tennis. Dieses System wird seit Jahrzehnten erforscht. Es stellte sich jedoch heraus, dass das motorische System nur einen winzigen Bruchteil der Gesamtenergie des Gehirns verbraucht, wenn es Ihren Arm den Tennisschläger schwingen lässt, nachdem (oder eigentlich *be-*

vor) Ihr visuelles System es über einen nahenden Aufschlag informiert hat.

Auch wenn es von zentraler Bedeutung ist, dass die Neurowissenschaft über das motorische System so viel wie möglich herausfindet, würde man womöglich nur an der Oberfläche kratzen, wenn man einzelne Gehirnregionen erforschte und dabei das »Rauschen« des ruhenden Gehirns ignorierte. Technisch gesehen ist Rauschen ein ungewolltes Signal, das gewöhnlich zufällig jenes Signal beeinträchtigt, das wir in diesem Moment untersuchen. Aber das von Raichle beobachtete Netzwerk schien während der aktiven Konzentration auf einen Reiz »ausgeschaltet« zu sein und sich nicht zufällig zu verhalten. Und es beeinträchtigte auch nicht jene Signale, die untersucht werden sollten. Es verhielt sich absolut regelmäßig: Sobald ein Proband aktiv über etwas nachzudenken begann, schaltete sich dieses Netzwerk aus.

Weshalb sollte ein Netzwerk im Gehirn seine Aktivität herunterfahren, während eine zielgerichtete geistige Aufgabe ausgeführt wird – etwa, während man sich an eine Liste von Begriffen erinnern soll? Noch seltsamer erscheint die Tatsache, dass die Netzwerkaktivität unabhängig davon abnimmt, welche geistige Aufgabe es zu bewältigen gilt. Beim Experiment geschah unter den verschiedensten Voraussetzungen immer dasselbe: Das Netzwerk schaltete sich aus, sobald der Proband sich mit einer Aufgabe beschäftigte. Natürlich fragte sich Raichle, was mit diesem Netzwerk geschehen würde, wenn die Menschen einfach nur dalagen und gar nichts taten. Es stellte sich heraus, dass es sich bei dem Rauschen im Gehirn keineswegs um »Rauschen« handelte.

Raichle war erstaunt, dass viele Wissenschaftler immer noch bezweifelten, dass dies möglich war. Die Forscher behaupten, es handle sich um einen Messfehler, ein technisches Problem oder ein Messartefakt, das durch die Art und Weise, wie fMRT-Daten analysiert werden, entsteht. Wenn die Probanden einfach nur in der Röhre lagen und ihren Gedanken freien Lauf ließen, brummte ebenjenes Netzwerk vor Aktivität, das sich während der Experimente ausgeschaltet hatte.

Das Signal, mit dem Neurowissenschaftler mithilfe der fMRT-Daten die Aktivität einer bestimmten Gehirnregion messen, wird BOLD-Kontrast (Abkürzung für englisch Blood-Oxygen-Level-Dependent, etwa »abhängig vom Blutsauerstoffgehalt«) genannt. Ohne in die komplizierten Details gehen zu wollen: Dieses Signal sagt quasi etwas darüber aus, wie viel Blut und Sauerstoff durch eine aktive Gehirnregion fließen. Wenn Nervenzellen ihre Aktivität erhöhen, verbrauchen sie mehr Blut und Sauerstoff (genau wie Muskeln). Ein Anstieg des BOLD-Signals deutet auf eine Zunahme der Gehirnaktivität hin.

Auch wenn jenes Netzwerk, das Ihr Gehirn für Aufgaben nutzt, die aktive Aufmerksamkeit erfordern, nur einen Bruchteil der ihm zur Verfügung stehenden Gesamtenergie verbraucht, fährt Ihr Default-Mode-Netzwerk seine Aktivität herunter, sobald dieses »Aufmerksamkeits«-Netzwerk aktiviert ist. Einfacher ausgedrückt: Solange Sie tagtäglich wie ein kopfloses Huhn umherlaufen, versuchen, sich nach Ihrem Terminkalender zu richten, mithilfe all Ihrer Mobilgeräte auf dem Laufenden bleiben wollen, twittern und etwas auf Facebook posten, SMS erhalten, E-Mails schreiben und Ihre To-do-Liste checken, unterdrücken Sie die Aktivität des vielleicht wichtigsten Netzwerkes in Ihrem Gehirn.

Die beiden Netzwerke, die ich beschrieben habe, werden auch als TPN (für englisch *Task Positive Network*) und TNN (für englisch *Task Negative Network*) bezeichnet. Das TNN ist dasselbe wie das Default-Mode-Netzwerk. Das TPN wird aktiv, wenn Sie verzweifelt versuchen, Ihre Zeit besser zu managen.

Dies alles bedeutet: Während Sie daliegen und Ihre Gedanken schweifen lassen – oder um es in der schwierigen Sprache der Neurowissenschaft auszudrücken: »reizunabhängige Gedanken« haben –, organisiert sich Ihr Gehirn *stärker* als bei dem Versuch, sich auf eine Aufgabe zu konzentrieren, wie etwa den Outlook-Kalender farbig zu unterlegen. Während Sie gedanklich abdriften, beginnen im Default-Mode-Netzwerk also Informationen zwischen den Knoten zu fließen. Die Aktivität in diesen Regionen und im gesamten Netzwerk steigt an. Wir werden später sehen, weshalb gerade dies so entscheidend für Ihre Kreativität, ja, für Ihre Gesundheit im Allgemeinen sein könnte.

———

Was genau ist nun das Default-Mode-Netzwerk, und wo sitzt es? Das Default-Mode-Netzwerk setzt sich aus einer Reihe posteriorer, medialer, anterior-medialer und lateral-parietaler Gehirnregionen zusammen. Posterior bedeutet »hinten«, medial »mittig«, anterior-medial »vorne mittig« und lateral-parietal betrifft Regionen, die sich beidseitig oben am Hinterkopf befinden. Die einzelnen Regionen, die das Default-Mode-Netzwerk bilden, heißen: medial-präfrontaler Cortex, anterior-cingulärer Cortex, Precuneus, Hippocampus und lateral-parietaler Cortex.

Wichtig ist, dass diese Regionen Knoten in Ihrem riesigen ausgedehnten Default-Mode-Netzwerk formen. Diese Knoten sind Gehirn-Hubs. Man kann sich das in etwa so vorstellen, als ob das Default-Mode-Netzwerk die Flughäfen O'Hare, JFK, Heathrow und Frankfurt umfassen würde. Zusammen bilden diese Knoten das »Epizentrum« Ihrer Gehirnaktivität.

Im hinteren Teil des Gehirns (posterior) sitzt der Precuneus. Der Precuneus ist eine verborgene Gehirnstruktur, da er nahe der Trennlinie zwischen den beiden Gehirnhälften liegt und sich Teile davon tief im Gehirn befinden.

Der Precuneus lässt sich aufgrund seiner Lage nur schwer erforschen und auch deshalb, weil selten nur diese eine Region von einer Verletzung betroffen ist. Bei Patienten, die einen Schlaganfall im Precuneus erlitten haben, kann die Art der Schädigung daher nicht durch eine Untersuchung gefunden werden. Wir wissen aber, dass der Precuneus am räumlichen Denken und am Bewusstsein beteiligt ist. Interessanterweise spielt er auch eine Rolle bei selbsttätigen Prozessen wie dem Nachdenken oder der Aufrechterhaltung der Ich-Perspektive. Neueste Analysen, die mithilfe der Graphentheorie erstellt wurden, deuten außerdem darauf hin, dass der Precuneus nicht nur Teil des Default-Mode-Netzwerkes ist, sondern sogar ein Hub-Knotenpunkt. Genau wie am Frankfurter Flughafen kommt es auch hier zu einem hohen Verkehrsaufkommen.

Während eines Experiments oder im wahren Leben, wenn Sie Ihre Aufmerksamkeit auf eine PowerPoint-Präsentation über Risiko-Management richten, weist der Precuneus geringere Aktivität auf. Wenn Sie sich an Ihrem Arbeitsplatz über einen Fehler im Projektplan aufregen oder genau analysieren, weshalb ein Produkt gefloppt hat, deaktiviert sich diese Region. Mit anderen Worten: Den Precuneus juckt so etwas nicht.

Dennoch ist der Precuneus auch eine Region mit der höchsten Stoffwechselrate im Ruhezustand im Gehirn. Das bedeutet, dass der Precuneus im Ruhezustand Glukose verschlingt wie ein durchgeknallter Kolibri. Wenn Sie sich also von Ihrem durchorganisierten Arbeitsplatz lösen können und gar nichts mehr tun, wird dieser Hub Ihres Default-Mode-Netzwerkes hochgejagt und dreht im roten Bereich. Weshalb ist das wichtig? Der Precuneus scheint bei der Selbstbetrachtung beteiligt zu sein. Einer der besten Wege, sich besser kennenzulernen, besteht also darin, sich einen ruhigen Ort oder einen mit angenehmer Geräuschkulisse zu suchen, in den Himmel zu schauen, gedanklich eine Weile abzudriften und zu schauen, was der Precuneus so alles anstellt.

Genau wie der Precuneus scheint auch der Parietallappen eine Rolle dabei zu spielen, wie Sie sich selbst sehen, was manchmal auch »Metakognition« genannt wird. Die Fähigkeit, über diesen Sachverhalt nachzudenken und sich etwas dazu zu überlegen, kommt zum Teil von unserem lateralen Parietallappen. Das Leben wäre ziemlich bedeutungslos, wenn Sie sich Ihrer selbst nicht bewusst wären.

Zusammen mit dem Sprachvermögen gehören schlüssige, bewusste Darstellungen des eigenen Ichs vielleicht zu den einzigartigen Merkmalen der menschlichen Wahrnehmung. Weiß ein Frosch, dass er ein Frosch ist? Unsere Persönlichkeit gründet sich natürlich auf diesen Darstellungen. Entscheidend ist, dass Sie dank des lateralen Parietallappens wissen, ob Sie ein Gothic, ein Punk, ein Hipster oder ein Hirnforscher sind. Auch der laterale Parietallappen ist ein Knoten im Default-Mode-Netzwerk, und deshalb *nimmt* seine Aktivität *ab,* wenn von außen auferlegte geistige Aufgaben anstehen. Genau wie der Precuneus ist auch der laterale Parietallappen zudem ein Hub.

Dies mag auch der Grund dafür sein, dass in Momenten, in denen Sie bei der Arbeit vor sich hinträumen, obwohl Sie sich eigentlich mit der letzten Präsentation über die spartenübergreifende Synergie von Marketingplänen befassen sollten, Ihre Gedanken unweigerlich zu folgender Frage abdriften: »Wie kann es sein, dass eine dynamische und wunderbare Person wie ich sich mit etwas so Dummem, Bedeutungslosem, Seelenzerfleischendem und Todlangweiligem beschäftigt?« Ihr Default-Mode-Netzwerk kennt Sie besser als jeder andere – inklusive Ihres »So schaffst du alles«-Selbst.

Für den nächsten Bereich des Default-Mode-Netzwerkes, den anterioren cingulären Cortex, bedarf es eines kleinen Exkurses. Sie wissen bereits, dass Ihr Gehirn aus zwei Hälften besteht – den Hemisphären. Die Gehirnhälften sind durch einen Balken aus Nervenfasern miteinander verbunden, der Corpus callosum genannt wird.

Das Corpus callosum ermöglicht den Fluss von Informationen zwischen beiden Gehirnhälften. Manchmal wird dieser Nervenfaserbalken bei Patienten mit schwer behandelbarer Epilepsie während einer Operation durchtrennt, um Anfälle zu vermeiden. Der anteriore cinguläre Cortex liegt wie ein Kragen um das Corpus callosum herum. Er ist mit dem präfrontalen Cortex verbunden.

Eine der vorrangigen Aufgaben des anterioren cingulären Cortex besteht darin, Ihr Verhalten und die Rückmeldungen der Umwelt zu überwachen und Ihnen mitzuteilen, wenn Sie einen Fehler gemacht haben. Dies wird »Fehlererkennung« genannt. Auf ganz ähnliche Weise scheint der anteriore cinguläre Cortex auch Ihr Unterbewusstsein auf mögliche Problemlösungen hin zu überprüfen.

Wenn der anteriore cinguläre Cortex einige lose verbundene Gedanken entdeckt, die zusammen einen neuen Einfall ergeben könnten, lenkt er Ihre Aufmerksamkeit darauf und kurbelt so ihre Aktivierung an, damit die Idee in Ihr Bewusstsein dringen kann. Als Teil des Default-Mode-Netzwerkes mag es der anteriore cinguläre Cortex, wenn Sie es locker angehen lassen und in positiver Stimmung sind. Wenn Sie nichts tun, scheint er bereit, Ihnen bei der Suche nach einleuchtenden Lösungen und bei der Entwicklung kreativer Ideen zu helfen. Wenn Sie gestresst sind und sich Sorgen um äußere Dinge machen, nimmt die Aktivität des anterioren cingulären Cortex ab.

Richtung Gehirnzentrum stoßen wir auf den Hippocampus. Er gehört zu den am besten erforschten Gehirnregionen, weil wir durch ihn in der Lage sind, Erinnerungen zu generieren. Es gibt sogar eine akademische Zeitschrift, die sich ganz dem Studium des Hippocampus widmet und die den wenig überraschenden und einfallslosen Titel *Hippocampus* trägt.

Der Hippocampus ist eine hufeisenförmige Struktur tief im Innern des Gehirns. Er besteht aus zwei Hälften, von denen eine in der linken, eine in der rechten Gehirnhälfte liegt. Wie alle anderen Gehirnregionen scheint auch der Hippocampus eine vorherrschende Funktion zu haben – nämlich die, Erinnerungen zu generieren –, aber seine Subregionen führen spezielle Aufgaben aus, die von »Lernen, sich durch neue Räume zu bewegen« bis zur Schaffung neuer autobiografischer Erinnerungen reichen.

Wenn Teile des Hippocampus ausfallen, ist man möglicherweise nicht mehr in der Lage, neue Erinnerungen zu bilden. Wir wissen unter anderem deshalb ziemlich viel über die Aufgaben des Hippocampus, weil man Patienten mit schwer behandelbarer Epilepsie untersucht hat, denen Teile dieser Region herausgeschnitten wurden, um die dort entstehenden Anfälle zu vermeiden. Häufig können Patienten, denen bestimmte Teile des Hippocampus entfernt wurden, keine neuen Erinnerungen mehr generieren.

Wenn Sie also beispielsweise einen Patienten kennenlernen,

dem Teile des Hippocampus fehlen, wird er sich beim nächsten Mal nicht mehr an Sie erinnern, und auch später nie mehr. Er wird nicht in der Lage sein, sich daran zu erinnern, Sie jemals getroffen zu haben, egal, wie oft Sie ihm begegnen. Teile des Hippocampus, die an der Bildung und der Abfrage autobiografischer Erinnerungen beteiligt scheinen, sind auch im Default-Mode-Netzwerk aktiv. Deshalb kann es sein, dass Sie sich, während Sie Ihre Gedanken schweifen lassen, daran erinnern, wie Sie als Kind Fahrrad gefahren sind, an Ihre letzte Präsentation oder an den Verrückten, der Sie am Morgen in der U-Bahn angepöbelt hat.

All diese Erinnerungen durchlaufen den Hippocampus, wenn sie generiert und wieder abgerufen werden. Wenn Sie sich an etwas aus Ihrem Leben erinnern, scheint Ihr Default-Mode-Netzwerk zudem besonders gut darin zu sein, mit diesen Erinnerungen in die Zukunft zu verweisen und Bilder von Ihnen in zukünftigen Situationen zu erschaffen. Die Fähigkeit, über Ihre derzeitige Situation, über Ihre Vergangenheit und über Ihre Zukunft nachzudenken, dies alles ist eng miteinander verbunden. Menschen, die sich den Luxus leisten können, durch Nichtstun Zeit mit so etwas zu verbringen, sind im Allgemeinen kreativer und geistig gesünder.

Wenn wir unseren Weg durch den Kopf in Richtung Stirn fortsetzen, erreichen wir den präfrontalen Cortex. Evolutionsgeschichtlich betrachtet gehört er zu den Gehirnregionen, die sich als Letztes entwickelt haben. Entsprechend ist es eine der letzten Gehirnregionen, die sich bei einem Heranwachsenden entwickeln. Tatsächlich ist der präfrontale Cortex bei Männern erst im Alter von etwa 25 Jahren voll entwickelt. Ich habe oben bereits erwähnt, dass der präfrontale Cortex für die Fähigkeit, Entscheidungen zu treffen und zu planen, verantwortlich ist, genau wie für die Impulskontrolle und die Selbstbetrachtung – Fähigkeiten, an denen es vielen Männern unter 25 Jahren noch mangelt.

Eine der Hauptaufgaben des präfrontalen Cortex im kognitiven Alltag des Gehirns besteht darin, Informationen für Manipulationen und Aktivitäten verfügbar zu machen. Das heißt, wenn Informationen in Ihrem präfrontalen Cortex ankommen, sind Sie sich ihrer wahrscheinlich bewusst. Der präfrontale Cortex wird deshalb zwar als notwendig, aber nicht als ausreichend für das Bewusstsein erachtet.

Der präfrontale Cortex ist nicht die einzige Quelle des Bewusstseins, weil es der »Zündung« vieler anderer Gehirnregionen bedarf, bis Sie sich einer Sache bewusst werden. Dennoch scheint es so, dass der präfrontale Cortex beteiligt sein muss, um irgendeine Art von sinnvoller menschenähnlicher Erfahrung mit Informationen zu machen.

Sobald eine Information in Ihr Bewusstsein gerückt ist, können Sie alles Mögliche damit anstellen – beispielsweise über diese Information nachdenken, eine Entscheidung treffen oder sie einfach wieder vom Bewusstsein ins Unterbewusstsein sacken lassen wie bei einer Meditation. Wie vieler Informationen Sie sich zu jedem beliebigen Zeitpunkt bewusst sein können, hängt auch davon ab, wie gut Ihr präfrontaler Cortex arbeitet.

Es scheint im Gehirn zwischen der Fähigkeit, viele Informationen in Ihrem Arbeitsgedächtnis zu speichern, und der kognitiven Flexibilität oder Kreativität eine Wechselbeziehung zu geben.

Um dies zu veranschaulichen, greift man häufig auf eine auf dem Kopf stehende u-förmige Kurve zurück – das eine untere Ende des Us steht für absolute Festigkeit, aber sehr hohe Speicherfähigkeit, das andere untere Ende des Us steht für vollkommene Flexibilität, aber null Speicherkapazität. Es zeigt sich, dass Müßiggang Ihrem Gehirn dabei helfen kann, auf natürliche Weise ein Gleichgewicht zwischen diesen beiden Extremen zu finden.

Der präfrontale Cortex besteht aus vielen Teilen. Jene Region des präfrontalen Cortex, die Teil des Default-Mode-Netzwerkes ist, wird medialer präfrontaler Cortex genannt. Es sollte Sie mittlerweile nicht mehr überraschen, dass auch diese Region eine sehr hohe basale Stoffwechselrate hat. Der präfrontale Cortex ist auch im Ruhezustand stark durchblutet, was entscheidend für die bewusste Wahrnehmung und auch für spontan aufkommende Gedanken ist.

Als Teil des Default-Mode-Netzwerkes macht auch der mediale präfrontale Cortex normalerweise dicht, sobald Sie »Leistungsstärke« zeigen: Wenn Sie nach Ihrer morgendlichen Trainingsstunde direkt ins Büro rennen, noch einmal einen Blick auf Ihre PowerPoint-Präsentation werfen, zum Meeting gehen, den Bericht präsentieren, Ihr Take-away-Mittagessen verdrücken, während Sie Ihre E-Mails checken, sich noch einen Kaffee machen, Ihren Kalender durchgehen, kleine rote Punkte auf die Unterlagen machen, die Sie bereits durchgesehen haben, Telefonate erledigen, SMS beantworten, Verabredungen für die Kinder ausmachen, sich einen Plan zurechtlegen ... und so weiter und so weiter.

Nur wenn Sie Ihre Gedanken schweifen lassen, leuchtet der mediale präfrontale Cortex auf und spricht mit Muße mit seinen Partnern – dem Precuneus, dem anterior-cingulären Cortex und dem lateralen Parietallappen. Der mediale präfrontale Cortex scheint auch an einer Art Beaufsichtigung der inneren Vorgänge Ihres Gehirns beteiligt zu sein. Wenn Sie Ihre Geschäftigkeit beenden und nichts mehr tun, kann diese Gehirnregion folglich davon berichten, was in den tiefsten Winkeln Ihres Geistes vor sich geht.

Kurz gesagt, wenn Sie faul sind, bildet sich in Ihrem Gehirn ein riesiges, ausgedehntes Netzwerk, das Informationen zwischen diesen Regionen hin und her schickt. Die Schmetterlinge lassen sich nur blicken, wenn alles still und ruhig ist. Eine plötzliche Bewegung, und sie flattern davon.

Das Default-Mode-Netzwerk unterstützt die Selbsterkenntnis, das autobiografische Gedächtnis, soziale und emotionale Vorgänge und die Kreativität. Es hat Bestand, solange Sie sich ausruhen können. Denken Sie daran, dass Ihr Default-Mode-Netzwerk sich schlafen legt, sobald Sie Ihre To-do-Listen checken, sicherstellen, dass Sie eine Rechnung beglichen haben, produktiv arbeiten oder Ihre Zeitmanagement-Fähigkeiten verbessern.

Die Nervenzellen dieses Netzwerkes feuern seltener, deshalb brauchen diese Gehirnregionen auch weniger Glukose und weniger Blut. Sie werden vielleicht auch bemerkt haben, dass bei der Selbstbeobachtung oder wenn Sie über sich selbst oder über Vergangenes nachdenken, jeder Knoten Ihres Default-Mode-Netzwerkes involviert ist. Darüber hinaus hängen all diese Gehirnregionen auf komplexe Art und Weise mit dem Bewusstsein zusammen.

Zusätzlich zu der unverhältnismäßigen Menge an Energie, die das Gehirn benötigt, um seine laufenden Aktivitäten aufrechtzuerhalten, liegt die Struktur des Gehirns auch seiner Funktion zugrunde, in einem »metastabilen« Zustand zu bleiben. »Metastabil« bezieht sich in diesem Fall auf die Balance, die das Gehirn zwischen Stabilität und Flexibilität herstellen muss. Um zu überleben und uns fortpflanzen zu können, müssen wir in der Lage sein, Raubtieren, defekten Klimaanlagen und Autofahrern, die mit dem Handy in der Hand am Steuer sitzen, aus dem Weg zu gehen.

Vom evolutionären Standpunkt aus betrachtet wäre es dennoch von nur geringem Vorteil, wenn unsere Persönlichkeit jedes Mal verschwinden oder sich komplett verändern würde, sobald wir einem abgelenkten Autofahrer ausweichen. Um sich gesund zu fühlen und unsere Umwelt begreifen zu können, müssen wir uns selbst als beständiges und in sich stimmiges »Ich« empfinden. Wie erreicht das Gehirn diese Balance zwischen einem stabilen, gleichbleibenden Zustand und einer hochsensiblen und reaktionsfähigen Flexibilität, mit der wir in

Millisekunden auf plötzliche Veränderungen unserer Umwelt reagieren können?

Eine Möglichkeit – und die wird derzeit von Neurowissenschaftlern erforscht – wäre, dass diese Metastabilität tatsächlich durch die Struktur des Gehirns – die Art und Weise, wie es anatomisch angeordnet und organisiert ist – hergestellt wird. Die Teile, aus denen sich das Default-Mode-Netzwerk zusammensetzt, scheinen, was die Aufrechterhaltung unseres Selbstbilds angeht, von entscheidender Bedeutung zu sein.

Über die Bedeutung der Tatsache, dass das Ruhezustandsnetzwerk aus Hub-Knoten entsteht, sind wir uns immer noch nicht ganz im Klaren. Da Informationen im gesamten Gehirn verteilt werden, spielen die Knoten des Gehirnnetzwerkes eine entscheidende Rolle beim Fluss von Informationen zu Ihrem Bewusstsein und von Ihrem Bewusstsein weg. Die Hub-Struktur Ihres Gehirnnetzwerkes sorgt dafür, dass Erinnerungen quasi sofort wiederhergestellt werden, wenn sie in Ihr Bewusstsein treten.

Was uns wie eine einzige Erinnerung erscheint, muss jedes Mal, wenn wir diese Erinnerung abrufen, zuerst aus verschiedenen Gehirnregionen zusammengesetzt werden. Die kurzen Wege durch die Netzwerk-Hubs sorgen dafür, dass dieser Prozess so schnell und automatisch abläuft, dass er für uns selbstverständlich ist.

Tatsächlich deuten neueste Erkenntnisse darauf hin, dass das Default-Mode-Netzwerk bei neurodegenerativen Erkrankungen wie Alzheimer gestört ist und eine geringere Aktivierung zeigt. Dies könnte ein Grund dafür sein, weshalb es Alzheimer-Patienten so schwerfällt, sich zu erinnern: Die im Gehirn gespeicherten Informationen können nicht mehr durch das Netzwerk fließen.

Bei Menschen mit Schizophrenie weist das Default-Mode-Netzwerk dagegen Hyperaktivität und Hyperkonnektivität auf. Wenn das Ruhezustandsnetzwerk zu aktiv ist und seine Knoten zu viele Verbindungen haben, kann die Unterscheidung zwischen Fantasie und Wirklichkeit schwerfallen. Die Erforschung der Beziehung zwischen Genialität und Wahnsinn hat eine lange Geschichte. Viele Gelehrte sagen, dass zwischen diesen beiden Zuständen nur ein schmaler Grat verläuft.

Die Tatsache, dass ungewöhnliche Aktivität im Default-Mode-Netzwerk mit schweren geistigen Erkrankungen in Zusammenhang steht, spricht für seine Bedeutung. Dennoch kann, wie im Falle von Alzheimer, die Störung in der Aktivität des Default-Mode-Netzwerkes auch eher Symptom als Ursache sein. Zwischen diesen Enden des Spektrums liegt der optimale Aktivitätslevel des Leerlaufnetzwerks, der unser Wohlbefinden, unsere körperliche Gesundheit und unsere Kreativität verbessert.

Glücklicherweise gibt es nur einen Weg, diesen optimalen Aktivitätslevel des Default-Mode-Netzwerkes zu erreichen: Legen Sie die Füße hoch, schnappen Sie sich ein bequemes Kissen, lehnen Sie sich zurück, und lassen Sie die aufgabenorientierten Aktivitäten los. Dieser Prozess fällt Ihnen vielleicht leichter, wenn Sie dabei großartige Kunstwerke betrachten, Ihre Lieblingsmusik hören oder rumkritzeln.

Bedauerlicherweise ist Faulheit mittlerweile so stigmatisiert, dass jeder eine ganz bestimmte Vorstellung davon hat. Der Trick besteht nun darin, das Recht auf Faulheit als Voraussetzung für ein gutes Leben und eine gesunde Gesellschaft aufzugreifen, zu verteidigen und einzufordern, und auch darin zu begreifen, dass die erstaunlichen Erkenntnisse derjenigen, die ein besonders robustes Default-Mode-Netzwerk haben, keine Ausnahmen sind, sondern die Regel.

3 | Von Aha-Momenten und Selbsterkenntnis

»Am 15. April 1726 stattete ich Isaac Newton einen Besuch in seiner Unterkunft in den Orbell's Buildings in Kensington ab. Ich speiste mit ihm und verbrachte den ganzen Tag allein mit ihm [...] Nach dem Abendessen, es war noch sehr warm, gingen wir hinaus in den Garten und tranken Tee im Schatten eines Apfelbaumes, nur er und ich. Er erzählte mir unter anderem, dass er just in derselben Situation gewesen sei, als ihm einst der Gedanke zur Schwerkraft gekommen war. Anlass sei ein Apfel gewesen, der herabfiel, als er gerade beschaulich im Garten gesessen habe.«

William Stuckley

»Ein Genie ist jemand, der erkennt, dass der Stein, der fällt, und der Mond, der nicht fällt, doch ein und dasselbe Phänomen repräsentieren.«

Ernesto Sabato

Jeder kennt die Geschichte von Newtons Apfel. Das Gesetz der Schwerkraft gehört heute zu den grundlegendsten Gesetzen der Wissenschaft. Dennoch: Zu Newtons Zeiten mutete die Vorstellung der Schwerkraft als einer Grundkraft im Universum sehr seltsam an. Vielmehr schienen unsichtbare Kräfte, die aus der Ferne auf Dinge einwirken, für die meisten Menschen jener Zeit entweder etwas Dämonisches oder etwas Göttliches zu sein.

Newton selbst fiel es nicht leicht, »Aktivität aus der Distanz« als etwas Reales zu akzeptieren. Er riet den Menschen sogar davon ab, den wahren Grund für die Schwerkraft herauszufinden, und empfahl ihnen, sich stattdessen auf die Tatsache zu konzentrieren, dass seine mathematischen Berechnungen und seine Experimente funktionierten.

Durch die Brille unserer heutigen Zeitmanagement-Kultur betrachtet scheint es völlige Zeitverschwendung zu sein, »beschaulich« im Garten zu sitzen. Diese (mangelnde) Aktivität könnte für einen Personalchef ein Zeichen dafür sein, dass Newton vielleicht kein allzu verlässlicher Angestellter gewesen wäre. Musste Newton den Termin – »17 Uhr: im Garten sitzen, über fallende Objekte nachsinnen« – in seine Liste der zu erledigenden Aufgaben aufnehmen? Glaubt irgendein vernunftbegabter Mensch, dass Sir Isaac Newton solch eine Liste verwendete?

Newton war in der Tat für seine Besessenheit in puncto Arbeitsmoral bekannt. Aber er konnte in seinem Garten sitzen und nichts tun, weil es ihm niemals in den Sinn gekommen wäre, dass beschaulich im Garten zu sitzen dasselbe sein könnte wie Zeitverschwendung.

Heutzutage wird uns in gängigen Zeitschriften erzählt, wir sollten uns eine »Auszeit« nehmen, weil die Anforderungen der von den Unternehmen vorgegebenen Terminpläne unmenschlich seien. Natürlich spricht niemand über die Wurzel des Übels, und uns wird geraten, die Auszeit »einzuplanen«, sofern sie unseren Verpflichtungen nicht im Wege steht. Zu einer Auszeit wird uns im Prinzip nur geraten, um unsere Leistungsfähigkeit zu optimieren.

Newton war im wahrsten Sinne des Wortes sein eigener Herr. Er arbeitete, wenn er arbeiten wollte, und saß in seinem Garten, wenn es ihm beliebte. Selbstverständlich werden Sie nun anführen, dass dies in der heutigen Wirtschaftssituation weder praktikabel noch realistisch wäre. Und ich würde antworten, dass wir deswegen den Mangel an intellektueller dynamischer Kraft, den diese Wirtschaftssituation verursacht, verdient haben.

Vor Newton befanden sich die Naturwissenschaften in einer Phase des Umbruchs. Die Zeitspanne zwischen dem späten 15. und dem 18. Jahrhundert wird von vielen als die entscheidende wissenschaftliche Revolution der Menschheitsgeschichte betrachtet. Kopernikus, Kepler, Galileo, Brahe und Newton, sie alle trugen in dieser Zeit mit ihren Erkenntnissen enorm zum wissenschaftlichen Fortschritt bei. Insbesondere im 17. Jahrhundert kam es zu einer intellektuellen Explosion, durch die sich das Verständnis vom Universum plötzlich massiv vertiefte. Unser Wissen über die Naturgesetze vermehrte sich immer schneller und diese Entwicklung hält bis zum heutigen Tag an. Das Verständnis des Menschen von der Natur wandelte sich vom abergläubischen Volksglauben zu wirklicher Wissenschaft.

Zu dieser Zeit der Revolution entstand auch eine wissenschaftliche Gemeinschaft, deren Mitglieder Zeitschriften herausgaben und sich ähnlich wie heute auf wissenschaftlichen Konferenzen trafen. Seit Newton sind die Naturwissenschaften erstaunlich erfolgreich gewesen. Der Augenblick, in dem Newton den Apfel fallen sah, wird üblicherweise als eine Art Glücksmoment in der Geschichte der Wissenschaften betrachtet. Was auch immer an dieser Erzählung dran sein mag, nachdem Newton den Apfel hatte fallen sehen und seine Theorie ausgearbeitet hatte, schrieb er eine der bedeutendsten wissenschaftlichen Publikationen aller Zeiten: sein Hauptwerk *Philosophiae Naturalis Principia Mathematica,* in dem er das Gesetz der Schwerkraft herleitet.

Newton verkroch sich nicht wegen eines drohenden Abgabetermins in seinem Arbeitszimmer und raufte sich auch nicht die Haare bei dem Versuch herauszufinden, warum Gegenstände auf die Erde fallen und die Planeten um die Sonne kreisen. Es sah ihm auch kein Produktivitätsexperte über die Schulter, um sicherzustellen, dass er effizient arbeitete. Man kann sich ausmalen, wie er an einem warmen Abend im Garten saß und die Augen geschlossen hatte oder den Blick einfach schweifen ließ. Die Vögel zwitscherten lieblich vor sich hin, und eine leichte Brise ließ die Blätter rascheln.

Vermutlich fühlte er sich wohl, und positive Empfindungen stiegen in ihm auf. All das wird ihn in eine nette, »beschauliche« Stimmung versetzt haben. Sein Default-Mode-Netzwerk hat wahrscheinlich seine Aktivität erhöht. Sein Precuneus, sein lateral-parietaler Cortex, sein medial-präfrontaler Cortex und sein anterior-cingulärer Cortex, all diese Regionen wurden wohl gut durchblutet und verbrauchten verstärkt Sauerstoff und Glukose.

Auf diese Weise wärmt sich das Default-Mode-Netzwerk auf. Die Nervenzellen in diesen Regionen erhöhen ihre Aktivität. Newtons anterior-cingulärer Cortex signalisiert seinem Parasympathikus [ein Bestandteil des vegetativen Nervensystems, Anm. d. Übersetzerin], dass alles in Ordnung ist, und sein Blutdruck sinkt. Seine Herzfrequenz verlangsamt sich, und die Zeitabstände zwischen den einzelnen Schlägen weisen minimal stärkere Schwankungen auf.

Diese physiologische Reaktion wirkt sich wiederum auf sein Gehirn aus, wodurch sich seine Entspannung vielleicht noch vertieft. In dieser Stunde der Muße, ohne eine von außen auferlegte Aufgabe, beginnt Newtons Gehirn zu arbeiten. Er lässt seine Gedanken schweifen, wendet sich nach innen und wird nachdenklich.

Die Knotenpunkte seines Default-Mode-Netzwerkes sind nun bereit, miteinander in Verbindung zu treten. Millionen von Nervenzellen in diesen Regionen beginnen ihre elektrische Schwingungsaktivität teilweise zu synchronisieren, sodass die neuronalen Signale des Default-Mode-Netzwerkes durch Newtons Gehirn reisen können. Da es sich bei den Knotenpunkten des Ruhezustands-Netzwerkes um Hubs handelt, können sie Informationen aus beinahe jeder Gehirnregion erhalten. Das Default-Mode-Netzwerk kann auch auf Newtons Erinnerungen und Assoziationen, inklusive mathematischer und räumlicher Vorstellungen, zugreifen, die in mit dem parietalen Cortex verbundenen Regionen gespeichert sind. Während der medial-präfrontale Cortex dem Rest des aktiven Default-Mode-Netzwerkes mitteilt, was in den endlosen Weiten von Newtons Unterbewusstsein geschieht, werden diese Vorstellungen in sein Bewusstsein gespült.

Jene Meldungen, die aus Newtons immensem Physikwissen im Langzeitgedächtnis stammen, sind normalerweise nicht Bestandteil seines Bewusstseins. Nun aber kommen sie ihm »in den Sinn«, weil sich sein Gehirn nicht um Gespräche, anstehende Meetings, Terminpläne oder um Zeitmanagement kümmern muss.

Die Planetenbewegungen, das Abstandsgesetz, Anziehung, Masse und Beschleunigung: All diese Dinge, über die Newton sich Wissen angeeignet hat, beginnen vielleicht in seinem Bewusstsein zu kreisen. Vor jenem besonderen Abend in seinem Garten hätte Newton zwischen diesen Dingen vermutlich keinen Zusammenhang gesehen, weil sie im Alltag keine Möglichkeit gehabt hätten, in sein Bewusstsein zu dringen. Ebenso gibt es Beweise dafür, dass unser Default-Mode-Netzwerk unbewusst arbeitet, sodass das Gehirn in einer Phase des Nichtstuns Verbindungen zwischen Dingen herstellt, ohne dass man sich dessen bewusst ist.

Und dann – aus Gründen, die wir noch nicht ganz verstehen – dringen diese Gedanken manchmal in unser Bewusstsein. Das Wichtige dabei ist, dass das Default-Mode-Netzwerk während einer Ruhephase Verbindungen zwischen Gehirnregionen herstellen kann, die normalerweise zu sehr mit Ihrem aktivitätsüberladenen Leben beschäftigt sind, um miteinander kommunizieren zu können. In solchen Momenten kann es zu wahrer Kreativität und Erkenntnis kommen. An diesem Punkt ist Newtons anterior-cingulärer Cortex – der normalerweise mit dem Aufdecken von Fehlern und der Überwachung des Verhaltens beschäftigt ist – in der Lage, schwache oder starke Verbindungen zwischen Zahlen, Kräften, Objekten und dem Raum aufzudecken.

In einem solch entspannten Zustand hat Newton vielleicht nur vage mitbekommen, wie der Apfel vom Baum fiel. Dennoch wird sein Gehirn das Ereignis registriert haben. Ein scheinbar beiläufiger, alltäglicher Vorgang, das Herabfallen eines Apfels, hat vermutlich eine sturzbachartige Nervenaktivität ausgelöst, die dazu führte, dass sich Newtons Gedanken zu einem völlig neuen Konzept zusammenfügten.

In der Tat ist die Newton'sche Mechanik nach wie vor die Basis der modernen Ingenieurswissenschaften. Beim Bau von Brücken, Gebäuden, Flugzeugen und Autos verlässt man sich auf Ingenieure, die in der Lage sind, auf Grundlage von Newtons Gesetzen Berechnungen anzustellen. Ein »Newton« ist eine unverzichtbare Maßeinheit, die uns sagt, wie viel Kraft wir benötigen, um einem Körper mit einer Masse von einem Kilogramm mit einer Beschleunigung von einem Meter pro Sekunde zum Quadrat zu bewegen.

»Beschaulich« herumzusitzen wird in den heutigen Schulen

und Arbeitsstätten nicht wirklich gern gesehen. Man muss sich fragen, wie viele potenzielle junge Isaac Newtons wir kleinhalten, nur damit wir sie in der Schule oder zu Hause unter Kontrolle haben. Wie stark wird das Bedürfnis, konzentrierte und zeitlich gut organisierte Kinder zu haben, von unserem zwanghaft terminierten Erwachsenenleben gespeist? Und weshalb muss unser Erwachsenenleben überhaupt so zwanghaft terminiert sein?

Wir bezeichnen Erwachsene, die »beschaulich« herumsitzen, gern als exzentrisch, undiszipliniert oder faul. Aber Sie müssen müßig sein, damit Ihr Gehirn optimal arbeiten kann. Sind Sie auf der Suche nach tollen Ideen oder wollen Sie sich selbst einfach etwas besser kennenlernen, müssen Sie damit aufhören, Ihre Zeit zu »managen«. Die moderne Neurowissenschaft zumindest häuft immer mehr Beweise an, dass der Ruhemodus ganz entscheidend für die Gesundheit unseres Gehirns ist.

4 | Rilke und das müßig erforschte Leben

»Es gibt nur eine Reise – jene in unser Innerstes.«

Rainer Maria Rilke

Rilke war ein empfindsamer Mensch, er passte nicht in seine Zeit. Die Jahre nach der Jahrhundertwende waren in Europa vom rabiaten Aufkommen der modernen Industriewirtschaft und den Schrecken des Ersten Weltkriegs geprägt. In dieser Phase war auch eine wachsende Besessenheit der kapitalistischen Klasse zu erkennen, die Arbeitszeit zu messen und die Effizienz der Arbeiter zu maximieren. Und es gab erste Anzeichen dafür, dass die aufkeimende Zeitmanagement-Industrie ihre Tentakel um die Kultur zu schlingen begann. Erstmals verbreiteten sich Uhren in Büros, Fabriken und Privathaushalten. Menschliche Arbeitskräfte wurden zunehmend als Maschinen in einem System betrachtet, das für den Profit der Wirtschaftsbosse geschaffen worden war. Vor diesem Hintergrund opferte der sensible, nachdenkliche Rilke die romantische Liebe, seine Familie und materiellen Wohlstand, um seiner künstlerischen Bestimmung zu folgen.

Rilke wusste, dass es für seinen kreativen Schaffensprozess von immenser Bedeutung war, auch Zeit mit Nichtstun zu verbringen. Er wollte mit Freude müßig sein – was in unseren überarbeiteten und verplanten 21.-Jahrhundert-Ohren schockierend klingt. Das Nichtstun zu genießen steht im Widerspruch zu unserer kulturellen Überzeugung, dass wir unser Potenzial nicht ausschöpfen, solange wir nicht ununterbrochen aktiv sind. Eine Überzeugung, die uns von klein auf stillschweigend eingeimpft wird.

Die moderne Neurowissenschaft kann uns zeigen, dass vielmehr das Gegenteil davon wahr ist: Unser wahres Potenzial kann sich nur durch Phasen des Nichtstuns entfalten. Wie Oscar Wilde in dem Aufsatz »*The Soul of Man under Socialism*« (deutsch: »Der Sozialismus und die Seele des Menschen«) schreibt: »[...] während die Menschheit sich der Freude oder edler Muße hingibt – Muße, nicht Arbeit, ist das Ziel des Menschen – oder schöne Dinge schafft oder schöne Dinge liest oder einfach die Welt mit bewundernden und genießenden Blicken umfängt [...].«

Neueste Forschungen zeigen, dass wir einige Formen der Selbsterkenntnis nur in Phasen erleben, in denen wir nichts tun. Das Default-Mode-Netzwerk springt nicht nur an, wenn wir uns ausruhen, sondern auch dann, wenn wir unsere Aufmerksamkeit uns selbst zuwenden und in uns »hineinblicken«. Wir lassen unseren Gedanken freien Lauf, und die Inhalte unseres Unterbewusstseins können bis zu unserem Bewusstsein durchdringen. Durch das Default-Mode-Netzwerk können wir Informationen verarbeiten, die mit unseren sozialen Beziehungen zusammenhängen, mit unserem Platz in der Welt, mit unseren Zukunftsfantasien und natürlich mit Gefühlen.

Rilke verbrachte in der Tat einen großen Teil seines Erwachsenenlebens damit, Europa auf der Suche nach dem – in körperlicher wie geistiger Hinsicht – idealen Ort für die Dichtkunst zu durchstreifen. Er reiste nach Russland und begegnete Tolstoi, er verbrachte einige Zeit in Schweden, in Italien, in Frankreich und landete schließlich in der Schweiz. Seine Arbeit war für einige seiner Gönner von solcher Bedeutung, dass diese wohlhabenden Leute Rilke oft dafür bezahlten, dass er in ihren Villen oder Schlössern wohnte, während er arbeitete – oder vielmehr nicht arbeitete.

Tatsächlich ließ Rilke zwischen zwei seiner bedeutenden Gedichtbände fünfzehn Jahre verstreichen – zwischen *Neue Gedichte,* die 1907 veröffentlicht wurden, und dem, was viele als den Höhepunkt seines Schaffens ansehen: die *Duineser Elegien* und *Die Sonette an Orpheus,* beide 1923. Er schrieb während dieser Zeitspanne einiges, betrachtete jene Werke aber als »Gelegenheitsgedichte«. An den *Elegien* arbeitete er über zehn Jahre lang. Seine bedeutenden Gedichte fielen Rilke unvermittelt zu, und er betrachtete sie als Geschenke von außen, womöglich als Geschenke von Engeln. Rilke verglich das Verfassen eines Gedichts mit dem Aufnehmen eines Diktats. Einer seiner großen Übersetzer, der amerikanische Dichter Robert Bly, schreibt, dass Rilke bei dem Versuch, ein Gedicht »einzufangen«, bisweilen einen Reim verfehlte, weil er nicht schnell genug schreiben konnte.

Aus neurowissenschaftlicher Sicht betrachtet lernte Rilke, Gehirnregionen wie den medial-präfrontalen Cortex Bilder und Gedanken mitteilen zu lassen, die aus Gehirnregionen wie dem Hippocampus und dem Neocortex stammten und deren tiefste Inhalte nicht immer in das Bewusstsein dringen. In unserem fortwährenden Kampf um Erfolg oder auch nur um den Erhalt unseres Arbeitsplatzes benutzen wir die Teile unseres Gehirns, die unmittelbare Eindrücke von außen verarbeiten. Dieses nach außen fokussierte Netzwerk hebelt das Default-Mode-Netzwerk aus und verwehrt uns den Zugang zu dem, was in unserem restlichen Gehirn so vor sich gehen mag. Und doch erzeugt unser Gehirn fortwährend Emotionen und reagiert auf sie – und all diese emotionale Energie muss irgendwo verbraucht werden.

Rilke hatte auch mit depressiven Phasen zu kämpfen, vielleicht, weil er sich selbst in seiner unerbittlichen Selbst-Erforschung nicht schonte. Er ließ jede hässliche Seite seines Inneren an die Oberfläche des Bewusstseins dringen, um sie eingehend zu untersuchen. Und hier erkennen wir den hauchdünnen Grat, der zwischen der Spitzenleistung eines Genies und dem Abgrund aus Depression und Wahnsinn verläuft: Rilke verbrachte einen großen Teil seines Erwachsenenlebens sehr nahe dieser Grenzlinie.

»Der faule Mann steht dem Erfolg nicht im Weg.
Wenn er den Erfolg auf sich zurollen sieht, macht er flink
einen Schritt zur Seite.«

Christopher Morley, *Über die Faulheit*

Rilkes erstaunliche Fähigkeit, sein Unterbewusstsein zu erforschen und womöglich lang vergessene Ereignisse und Gefühle aus seiner Jugend hervorzuholen, kam wahrscheinlich daher, dass sein Default-Mode-Netzwerk aktiv sein durfte, während er müßig war.

Für viele Menschen kann dies zu einer entsetzlichen Erfahrung werden. Vermutlich lagert in Ihrem Unterbewusstsein recht viel, das Sie lieber dort belassen würden. Könnte es sein, dass diese unbequemen Dinge, die durch Ihren durchgeplanten Alltag unterdrückt werden und in der Versenkung verschwinden, nicht ohne Grund an die Tür Ihres Bewusstseins klopfen? Von Workaholics sagt man gemeinhin, dass sie durch fortwährende Arbeit seelischem Leid entkommen möchten und daher den Müßiggang und die Untätigkeit nicht ertragen.

Wenn Kinder in die Schule kommen – und zunehmend bereits, bevor sie in die Schule kommen –, füllen die Eltern ihr Leben mit einer Flut von Aktivitäten: Sport, musikalischer Frühförderung, einer Schule, in der auf Chinesisch unterrichtet wird, Sommercamps, kleineren ehrenamtlichen Tätigkeiten, Dressurreiten, Schauspielstunden, Mathe-Wettbewerben und naturwissenschaftlichen Workshops. Bei einer bestimmten Schicht von Eltern scheint die allgegenwärtige und tief sitzende Angst zu herrschen, dass ihre Kinder tatsächlich einmal Zeit haben könnten, herumzuhängen und Kinder zu sein. Eltern sind dazu gezwungen, immer mehr zu arbeiten – manchmal nur, um das Einkommensniveau zu halten. Um unsere Anwesenheit zu ersetzen, zwingen wir unseren Kindern eine endlose Flut von Aktivitäten als Ersatzeltern auf. Wir tun dies, um uns selbst davon zu überzeugen, dass wir immer noch auf sinnvolle Weise am Leben unserer Kinder teilhaben.

Wir können uns Berichte von Lehrern und Trainern über die Fortschritte unseres Kindes anhören, ohne das Kind auch nur ein einziges Mal selbst bei dieser Aktivität gesehen zu haben, für die wir es angemeldet haben. Wir haben schließlich Wichtigeres zu tun, zum Beispiel arbeiten! Wen wundert's: Während reines Herumhängen mit Freunden oder draußen spielen immer mehr von den »Terminvereinbarungen zum Spielen« überlagert wird, schnellen zugleich die Fälle von Ängsten und Depressionen bei Kindern empor, genauso wie die Fettleibigkeit.

Die heutige Generation von Kindern könnte die erste überhaupt sein, die eine kürzere Lebenserwartung als die vorhergehende hat. Egal, wie viele epidemiologischen und klinischen Beweise Sie brauchen, um sich von dieser Realität zu überzeugen, liegt die eigentliche Ursache auf der Hand: Kinder, die nicht *täglich* mehrere Stunden draußen herumtoben, mit Freunden zusammen sind oder nichts Besonderes tun, dafür stattdessen jede freie Minute damit verbringen, die von den Eltern organisierten Aktivitäten und Aufgaben abzuarbeiten, ihre Freunde nur nach Terminplan sehen, Unmengen industriell verarbeiteter Nahrung zu sich nehmen und Computerspiele spielen, um ihre Welten virtuell zu entdecken, werden fett und depressiv.

Zum Thema »Zeitmanagement für Kinder« gibt es Hunderte von Büchern und Zeitschriftenartikel mit Titeln wie: »Organisation, Zeitmanagement und Lerntechniken für Kinder«; oder: »So bekommt Ihr Kind alles in den Griff!«

Es gibt erfolgsbesessene Eltern und Schüler, für die eine unnötige pharmakologische Manipulation durch ein ADHS-Medikament auf Amphetaminbasis weder finanziell noch moralisch ein Problem darstellt. Und es gibt offensichtlich jede Menge Ärzte, die Schülern, bei denen keine Diagnose gestellt wurde, ADHS-Medikamente verschreiben, damit diese eine künstliche, laserähnliche Konzentration an den Tag legen und ihren Schulalltag mit Bravur bestehen.

Ethisch gesehen unterscheiden sich diese Ärzte nicht von den unseriösen Unterwelt-Doping-Ärzten, auf die man im Profisport trifft. Und ich würde behaupten, dass es dieselbe »Gewinnen um jeden Preis«-Kultur ist, die den Wunsch hervorbringt, alle Mittel zu nutzen, um im Grunde bedeutungslose Testergebnisse zu erzielen.

Wer ein Kind schon früh dazu zwingt, ein pharmazeutisch verbesserter und hyperorganisierter Mini-Erwachsener zu werden, entzieht ihm das Gefühl, seine Welt unter Kontrolle zu haben. Depression und Ängste sind eng mit dem Gefühl verbunden, sein eigenes Leben nicht kontrollieren zu können.

Psychologen haben lange anhand eines Fragebogens – der sogenannten »Internal-Externalen Kontrolle-Skala nach Rotter« – einzuschätzen versucht, wie stark das Gefühl der Kontrolle über das eigene Leben ist. Lagen die Ergebnisse der Befragten am internalen Ende der Skala, waren sie überzeugt, ihr Leben kontrollieren zu können; lag es am externalen Ende, hatten sie das Gefühl, ihr Leben werde von etwas oder jemandem anderen gelenkt.

Je weiter man zum internalen Ende der Skala neigt, desto weniger wahrscheinlich ist es, dass man depressiv wird oder Ängste entwickelt, wie verschiedene Studien gezeigt haben. Bei der Auswertung der Daten, die mithilfe der Rotter-Skala über einen Zeitraum von 42 Jahren, von 1960 bis 2002, erhoben wurden, fanden die Forscher heraus, dass sich die Punktezahl im Lauf der Zeit mehr und mehr vom internalen zum externalen Ende hin verlagert hatte. Die Ergebnisse hatten sich derart verändert, dass ein durchschnittlicher junger Mensch im Jahr 2002 stärker »external« ausgerichtet war (also das Gefühl hatte, dass Kräfte von außen sein Leben bestimmen) als 80 Prozent der jungen Leute in den 1960er-Jahren.

Im Jahr 2010 veröffentlichte das Magazin *Newsweek* einen Artikel, der sich der – wie das Magazin es nannte – »Kreativitätskrise« widmete und dem nur mäßige Aufmerksamkeit zuteilwurde. Laut *Newsweek* war die Punktezahl bei psychologischen Tests, mit deren Hilfe man die Kreativität von Kindern einzuschätzen versucht, seit 1990 immer geringer geworden – und dies, obwohl der durchschnittliche Intelligenzquotient gestiegen ist. Nachdem man die Daten von 300 000 Kindern und Erwachsenen ausgewertet hatte, entdeckte Kyng Hee Kim, Forscher am College of William & Mary in Williamsburg, dass dieser Kreativitätsschwund am deutlichsten in der Altersgruppe hervortrat, in der man die größte Kreativität erwarten würde, nämlich bei Kindern vom Kindergartenalter bis zur sechsten Klasse. Da Kinder immer mehr nach Terminkalender leben, bewertet werden, dazu angehalten werden, etwas zu erreichen, und durch digitale Medien in Beschlag genommen werden, sind sie immer weniger kreativ.

Rilke beschreibt seine Einschulung wie den Beginn einer Gefangenschaft. Heutzutage sind Eltern, noch bevor die Schule überhaupt beginnt, bereits auf entwicklungsfördernde Aktivitäten aus, die die Erfolgschancen ihrer Kinder vermeintlich erhöhen – Erfolg im Sinne von guten Noten, zukünftigen Gehältern und Auszeichnungen.

In seinem Gedicht »Imaginärer Lebenslauf« beschreibt Rilke den Schrecken des Schulanfangs (in meiner Erinnerung fing ich damals selbst an zu schluchzen, als meine Mutter mich in der Reihe glücklich wirkender Kinder an der Tür zum Kindergarten zurückließ):

Erst eine Kindheit, grenzenlos und ohne
Verzicht und Ziel. O unbewusste Lust.
Auf einmal Schrecken, Schranke, Schule, Frohne
und Absturz in Versuchung und Verlust.

Paradoxerweise – in Anbetracht einer Gesellschaft, die besessen davon ist, die Entwicklung eines Kindes zu optimieren – gibt es immer mehr Belege dafür, dass es für die Entwicklung des Gehirns entscheidend ist, keine von außen auferlegten Ziele verfolgen zu müssen.

Durch fortwährende Anforderungen von außen und Aktivitäten, an denen sie teilnehmen müssen, und durch die unzähligen Stunden, die mit digitalen Medien verbracht werden, haben Kinder immer weniger Zeit, soziale und emotionale Erfahrungen zu machen und über sich selbst nachzudenken.

Dazu kommt noch, dass sich Kinder, genau wie viele Erwachsene, mit ihrem untätigen Selbst unwohl fühlen könnten. Das Nichtstun würde in diesem Fall zunächst zu einem Gefühl führen, das dem heftigen Verlangen des Rauchers nach einer Zigarette ähnelt: zu ruheloser Verzweiflung. Das Kind wird sich Reize von außen suchen, durch digitale Medien, durch das Lob von Lehrern oder von anderen Erwachsenen.

In einer kürzlich erschienen Abhandlung mit dem Titel »Rest Is Not Idleness: Implications of the Brain's Default Mode for Human Development and Education« stellen die Psychologinnen Mary Helen Immordino-Yang, Joanna Christodoulou und Vanessa Singh die Hypothese auf, dass es entscheidend für die Entwicklung sozialer Fähigkeiten ist, wenn Kinder vor sich hin träumen und anderen Formen der unbeaufsichtigten Beschäftigung nachgehen dürfen.

Sie überprüfen die Beweise, die im letzten Jahrzehnt für das Default-Mode-Netzwerk erbracht wurden, und diskutieren seine Auswirkungen auf die menschliche Entwicklung im frühen Leben und die Erziehung. Wenn das Leben des Kindes voll von »gezielt hohen Aufmerksamkeitsanforderungen des Umfelds« ist, wird ihrer Meinung nach die Entwicklung verschiedener Fähigkeiten gestört – der Fähigkeit nachzudenken, der Fähigkeit, Erfahrungen einzuordnen und zu bewerten, und der Fähigkeit, Erinnerungen mit aktuellen Ereignissen zu verknüpfen. Das kindliche Gehirn braucht Zeit dafür, alles durchzugehen, was im Lauf eines Tages geschieht, diese Erfahrungen dann zusammenzuführen und in das größere Selbst einzufügen, das sich im Lauf der Kindheit herausbildet.

Der einzige Weg, diesen Prozess in Gang zu setzen, führt über das Nichtstun. Für Kinder ist es unerlässlich, die Außenwelt jeden Tag für eine geraume Zeit ausschalten zu können, ohne Forderungen oder Erwartungen. Es könnte sich für die spätere geistige Gesundheit als besonders wichtig herausstellen, einen Großteil der Kindheit damit zu verbringen, vor sich hin zu träumen, ohne Ziel und Zweck zu spielen und sorglose Freude zu erleben.

In einem seiner »Briefe an einen jungen Dichter« schreibt Rilke: »Je stiller, geduldiger und offener wir als Traurige sind, umso tiefer und umso unbeirrter geht das Neue in uns ein, umso besser erwerben wir es, um so mehr wird es *unser* Schicksal sein, und wir werden uns ihm, wenn es eines späteren Tages ›geschieht‹ (das heißt: aus uns heraus zu den anderen tritt), im Innersten verwandt und nahe fühlen.«

Immordino-Yang und die anderen Autorinnen schreiben, es

sei für das emotionale Lernen und Wohlbefinden förderlich, Zeit und Geschick für die – wie sie es nennen – »konstruktive innere Reflexion« zu haben. Und wenn ein Kind seine Aufmerksamkeit den ganzen Tag der Außenwelt zuwendet, untergräbt dies seine Fähigkeit zu verstehen, »was das für die Welt und die Art, wie ich mein Leben lebe, bedeutet«.

Genauso wie unsere Muskeln nach dem Training Zeit brauchen, um sich zu erholen, braucht auch unser Gehirn Zeit, um sich von der Beschäftigung mit der Außenwelt zu erholen. Untersuchungen zeigen beispielsweise, dass junge Menschen, die extrem häufig SMS verschicken, bei Tests zur moralischen Reflexion schlechter abschneiden. Dies könnte daran liegen, dass das TPN (Task Positive Network) fortwährend mit neuen SMS beschäftigt ist und die Aktivität im Default-Mode-Netzwerk dadurch unterdrückt wird. Wir identifizieren uns mittlerweile manchmal stärker mit unserem Handy als mit unserem Geist.

Anscheinend besteht das langfristige Ziel erfolgsorientierter Eltern darin, ihr Kind auf eine Spitzenuniversität zu schicken. Bei uns in den USA ist dies eine der wichtigsten symbolischen Zurschaustellungen von Prestige. Sind sie erst einmal auf der Universität, betreten Studenten eine nie zuvor gekannte Welt aus wahnwitziger Aktivität und Geschäftigkeit. In einem kürzlich im *Harvard Magazine* erschienenen Artikel von Craig Lambert, in dem es um die »Superhelden-Vordiplomanden« der Universität geht, wird eine Studentin mit den Worten zitiert: »Hier am College zu sein ist so, als ob man sich traut, durch das ganze Schwimmbecken zu schwimmen, ohne einmal Luft zu holen. Eine Bahn entspricht einem Semester. Ich will alles tun, was mir nur möglich ist.« Natürlich ist sie vollkommen erschöpft. Ihre Erschöpfung kennt verschiedene Stadien. Zuerst ist da ein »Gefühl von Überdrehtheit, so als wäre man die ganze Zeit betrunken, man weiß gar nicht richtig, was los ist«. Dann, sagt sie, »kommt da noch mal so eine Extraportion Müdigkeit dazu, dann fühlt man sich zu Tode erschöpft. So ist es mir in den letzten vier Wochen gegangen. Ich bin oft krank«. Häufiger krank zu sein wird als Zeichen angesehen, dass man sich wirklich bis an die absolute Grenze bringen will. Wenn man selten krank ist, strengt man sich nicht genug an.

Ein anderer Harvard-Student, der in diesem Artikel zitiert wird, wundert sich darüber, dass außerhalb der Unterrichtsräume nur wenige intellektuelle Diskussionen stattfinden. Offenbar ist es sinnlos, eine intellektuelle Debatte zu führen, wenn kein offiziell anerkannter akademischer Vorteil daraus gezogen werden kann. Eigene Interessen zu verfolgen heißt offiziell sogar »unabhängige Studien betreiben«, sodass man es immer noch in seinen Lebenslauf schreiben kann; aber Studierende, die tatsächlich Interessen verfolgen, die sich nicht zum Aufpolieren des Lebenslaufs eignen, findet man ziemlich selten. Die Studierenden haben Angst, sich für Lücken im Lebenslauf rechtfertigen zu müssen.

Die Mehrheit dieser Studierenden hat anscheinend keine Ahnung, was Müßiggang ist, geschweige denn, wie man ihn genießt. Mehrere Stunden mit ein paar Freunden in einem Café zu sitzen und über das französische Kino zu diskutieren hat für sie keinen Eigenwert. Paradoxerweise waren viele der Persönlichkeiten, zu deren Werk sie in Harvard Kurse belegen, Meister des Nichtstuns.

Jean-Paul Sartre und Simone de Beauvoir verbrachten Stunden damit, in Cafés zu sitzen und miteinander oder jedem anderen, der sich zu ihnen gesellen wollte, zu diskutieren. Diese intensiven Gespräche waren oft der Ausgangspunkt für bedeutende Werke des Paares gewesen. Für die Gruppe von Studenten jedoch, mit ihren perfekten akademischen Referenzen und Tausenden von Stunden akribisch geplanter Veranstaltungen außerhalb des Lehrplans, hat der Alltag vom Kleinkindalter an aus zielgerichteten Aufgaben bestanden.

Die heutige Studentengeneration an Eliteuniversitäten wurde vorbereitet, gemanagt, gecoacht und gelenkt, ohne dass sie auch nur einmal über ihre eigentlichen Interessen hätte nachdenken dürfen. Dem Artikel zufolge machen sich die Studierenden *und ihre Eltern* Sorgen, sobald die Universität Harvard nicht genug soziale Aktivitäten anbietet.

Diese Art wahnwitziger, fortwährender Tätigkeit unterdrückt die Gehirnaktivität in den wichtigsten neuronalen Netzwerken. Wir wissen auch, dass Depressionen und Ängste mit Auffälligkeiten im Default-Mode-Netzwerk zusammenhängen. Auch wenn es keine übergreifende Studie gibt, die all diese Themen verbindet, glaube ich, dass man nachdrücklich folgende Position vertreten kann: Die Art, wie wir unsere Kinder großziehen – nämlich super-wettbewerbsorientierte Überflieger zu sein –, wird auf lange Sicht ihr Risiko für geistige und körperliche Erkrankungen erhöhen.

Erfolgsorientierte Eltern sorgen bereits dafür, dass die Kinder weniger kreativ, weniger sozial und möglicherweise auch weniger moralisch sind. Es könnte sich herausstellen, dass Nichtstun, besonders in der Kindheit, für unsere Entwicklung zu moralischen und sozialen Wesen entscheidend ist. Was können wir von Newton und Rilke lernen, zwei Schwergewichten auf dem Gebiet der Naturwissenschaften und der Literatur? Beide Männer opferten persönliche Beziehungen und oft auch ihr eigenes Wohlergehen, um einer höheren intellektuellen Bestimmung zu folgen. In Newtons Fall handelte es sich um die Bestimmung, die Mathematik und die Naturwissenschaften so zu verändern, dass es drei Jahrhunderte später immer noch Einfluss auf unser Leben hat. Natürlich besaß Isaac Newton einmalige Fähigkeiten, die ihm erlaubten, Verbindungen zwischen physikalischen und mathematischen Ideen herzustellen, die seinerzeit (und sogar heute noch) nur wenige Menschen begreifen konnten. Rilkes Bestimmung war es, so tief wie möglich in sein Unterbewusstsein einzutauchen und universelle Wahrheiten über den Menschen zutage zu fördern.

Auf unserer hysterischen Jagd nach Geld und Status, im Wettbewerb um rare Stellen und Beförderungen, bei der Erziehung unserer Kinder zu sportlichen und intellektuellen Genies und der bis auf die Sekunde durchgeplanten Organisation unseres Lebens unterdrücken wir die natürliche Fähigkeit des Gehirns, Erfahrungen zu deuten und aus ihnen zu lernen. Wahrhaftige und tiefsinnige Kreativität kann durch die erstaunliche natürliche Fähigkeit des Gehirns entstehen, Sinn zu stiften. Es wird immer deutlicher, dass der Ruhezustand des Gehirns bei diesem Prozess eine entscheidende Rolle spielt.

Hätten Rilke oder Newton in der heutigen Zeit gelebt, wären ihre Beiträge zur Wissenschaft und Kunst durch den vorherrschenden Leistungsdruck möglicherweise ernsthaft gefährdet gewesen.

5 | Ihr Ich – ein selbstorganisiertes System

»Selbstorganisation: der Anschein einer Struktur oder einer Ordnung ohne einen externen Vermittler, der sie erschafft.«

Francis Heylighen

»[...] ich hatte bald verstanden, dass bei ernsthafter Arbeit Befehle und Disziplin von nur geringem Nutzen sind.«

Peter Kropotkin

Die Idee der Selbstorganisation steht unserem mechanistischen Weltbild von Ursache und Wirkung entgegen. Der gesunde Menschenverstand sagt uns: Etwas, das organisiert ist, muss von einer äußeren intelligenten Kraft so geschaffen worden sein, weil Ordnung nicht einfach spontan entstehen kann. Aber das stimmt nicht.

In der Natur ist die anpassungsfähige Selbstorganisation eher die Regel als die Ausnahme. In den Natur- und Ingenieurswissenschaften hat man herausgefunden, dass es sehr schwierig, wenn nicht gar unmöglich ist, selbstorganisierte Systeme zu beeinflussen. Auf dem Gebiet der Naturwissenschaften wurden beherzte Versuche unternommen, auf Ereignisse wie das

Wetter, epileptische Anfälle oder spontane soziale Bewegungen Einfluss zu nehmen. All diese Versuche sind jedoch fehlgeschlagen.

Beschreiben und vorhersagen können wir das Wetter, Vorgänge im Gehirn oder soziale Systeme ziemlich gut. Aber wir können sie immer noch nicht erklären. Weshalb hat es sich im Lauf der Geschichte für Herrscher, Chefs, Manager, Diktatoren, Kapitalisten und Zeitmanagement-Gurus als so schwierig erwiesen, die höchstentwickelten selbstorganisierten Systeme der Welt in den Griff zu bekommen?

Viele Wissenschaftler sehen in unserer Wirtschaft ein selbstorganisiertes System. Wie dem auch sei, wir werden sehen: Wenn diese Systeme sich zu weit von einem Zustand entfernen, den man »Kritikalität« nennt, können sie zusammenbrechen oder sich derart ändern, dass sie völlig anders auf ihr Umfeld reagieren.

Ob es sich bei dem System, über das wir sprechen, um einen einzelnen Menschen handelt, eine Gesellschaft als Ganzes oder das Klima: Für die Stabilität des Systems ist es entscheidend, innerhalb bestimmter Grenzen zu bleiben. Was den Menschen angeht, mag darin der Grund für die Bedeutung des Nichtstuns liegen: Es erlaubt Ihrem System, zur sogenannten »stabilen Dynamik« zurückzukehren.

Den polnischen Physikern Jaroslaw Kwapien und Stanislaw Drozdz zufolge ist ein komplexes selbstorganisiertes System »aus einer beträchtlichen Anzahl nichtlinearer, aufeinander einwirkender Bestandteile aufgebaut, die ein gemeinsames

Verhalten aufweisen; und es kann, durch den Austausch von Energie oder Informationen mit der Umgebung, seine internen Aktivitätsstrukturen und -muster ganz leicht verändern«. Zu diesen Systemtypen gehören beispielsweise konvektive Luftmassen, turbulente Strömungen, fraktale Küstenabschnitte – und natürlich Gehirne.

Leider gibt es in der Literatur zum Thema Führungsorganisation einen Trend, komplizierte Wissenschaft zu bemühen, um Geschäftserfolge zu erzielen. Seltsamerweise hat bislang noch niemand vorgeschlagen, stattdessen das selbstorganisierte Verhalten unseres Gehirns als Modell zu nutzen, um Einspruch gegen eine von außen auferlegte Organisation unseres Lebens zu erheben, da dies den Aufbau und die Dynamik des Gehirns präziser widerspiegelt.

Selbstorganisation ist ein Merkmal von Komplexität. Es gibt dafür auch noch einen anderen Begriff: Emergenz. Unter Emergenz versteht man, dass das komplexe Verhalten eines Systems makroskopische Merkmale aufweist, die keiner der Bestandteile aufweist, aus denen sich das System zusammensetzt.

Hoch komplexes Verhalten auf der Systemebene kann aus dem Zusammenspiel einfacherer Teile dieses Systems entstehen. Eines der anschaulichsten und unmittelbarsten Beispiele dafür ist die Ameisenkolonie. In seinem Buch *Der Superorganismus* beschreibt Edward O. Wilson die erstaunlichen Gemeinschaften, die Ameisen und andere soziale Insekten bilden. Diese Insektengemeinschaften werden »Superorganismen« genannt, weil sich Ameisenkolonien, obwohl sie aus

Tausenden oder sogar Millionen einzelner Ameisen bestehen, jeweils so anpassen und verhalten, als wären sie ein einziges Wesen.

Ameisen gehören zu den erfolgreichsten Spezies des Planeten. Die Anzahl der auf der Erde lebenden Ameisen wird auf etwa 10 000 Billionen geschätzt. Vorausgesetzt, dass ein Mensch im Durchschnitt 1 bis 2 Millionen Mal so viel wie eine Ameise wiegt, haben Ameisen und Menschen ungefähr dieselbe globale Biomasse.

Ameisenkolonien sind zu hoch komplexem Verhalten fähig, sie können beispielsweise dazulernen. Eine Kolonie findet schnell den besten Weg zu einer Futterquelle oder den geeignetsten Ort heraus, um tote Ameisen abzulegen; und sie lernt sogar, die Temperatur im Inneren eines Nestes zu regulieren. Dennoch hat jede einzelne Ameise nur ein winziges Gehirn. Sie hat keine Ahnung davon, was sie tut. Wie kann sich aus Millionen dummer Ameisen, von denen jede ihr eigenes Ding macht, das extrem organisierte, komplexe Verhalten einer Ameisenkolonie herausbilden – vor allem, wenn man bedenkt, dass es in einer Ameisenkolonie weder Befehle noch Kontrollstrukturen gibt?

Eine Ameise folgt bei ihren täglichen Verrichtungen einigen sehr einfachen Regeln, die davon abhängen, ob sie eine Arbeiterin ist, eine Drohne oder ein Soldat. Diese Verhaltensalgorithmen scheinen genetisch vererbt zu sein. Wenn Ameisen beispielsweise auf ein sich bewegendes Objekt stoßen und es mit ihren Fühler abtasten, folgen sie der simplen Regel: Riecht das Objekt wie ich, folge ich ihm; riecht das Objekt nicht so wie ich, töte ich es. Manchmal folgen Ameisen dieser Regel bis zu ihrem Untergang – in einer sogenannten »Ameisen-Todesspirale«.

Ameisen geben auch Informationen weiter, indem sie chemische Spuren hinterlassen. Wenn Ameisen einander folgen, können sie die chemischen Pfade riechen und wissen so, wann sie links oder rechts abbiegen müssen. Nach Nahrung suchende Ameisen, die auf Futterquellen stoßen, legen eine bestimmte chemische Spur und teilen anderen Ameisen dadurch mit, dass sie ihnen folgen sollen. Bald darauf bewegt sich eine ganze Kolonne von Ameisen auf die Nahrungsquelle zu.

Auf diese Weise verbreitet sich die Information über den Fundort der Nahrungsquelle schnell in der Kolonie. Eine einzelne Ameise folgt einigen solcher einfacher Regeln und nutzt dabei ihre Sinnesorgane. Wenn Millionen solcher Ameisen miteinander agieren, entsteht daraus die selbstorganisierte Komplexität der Kolonie. Um die Kolonie als Ganzes zu verteidigen, begehen beispielsweise viele einzelne Ameisen gemeinsam »Selbstmord«. Angepasstes Wissen und Information kann in der Kolonie verarbeitet werden, aber nicht durch einzelne Ameisen. Deshalb verfügt die Kolonie über bestimmte Merkmale, über die einzelne Ameisen nicht verfügen.

Stellen Sie sich ein Football-Team vor: Das Team weist Merkmale auf, die der einzelne Spieler nicht aufweist; eines dieser Merkmale ist, ein Football-Team zu sein, das aus elf Spielern besteht. Bestimmte Verhaltensweisen sind nur auf der Beschreibungsebene der Kolonie sichtbar. Doch wenn wir die einzelne Ameise untersuchen, haben wir ein ziemlich einfaches Lebewesen vor uns, das nur zu schnellen Entscheidungen fähig ist. Auch wenn eine einzelne Ameise lediglich darauf programmiert ist, eine beschränkte Anzahl von Dingen in einem bestimmten Kontext auszuführen (Nahrung finden und tragen, anderen Ameisen folgen oder sie angreifen), kann eine Ameisenkolonie doch den besten Weg zu einer Futterquelle erlernen, riesige Netzwerke aus Gängen und Nestern erschaffen und sogar Pilze in komplizierten unterirdischen Gärten anbauen.

Sowohl die Ameisenkolonie als auch das Gehirn sind Beispiele für eine spontan auftretende makroskopische Ordnung, die sich auf mikroskopischer Ebene aus einem riesigen Meer wahllos miteinander agierender Teile bildet. Wenn es Millionen einfacher Ameisen gibt, die jeweils nur einigen wenigen Regeln folgen, kann die Wirkung des Zusammenspiels dieser Ameisen enorm sein.

Tatsächlich scheint sich schon eine einzige »Computer-Ameise«, die nur zwei einfachen Regeln folgt, wie ein komplexes dynamisches System zu verhalten. In der Informatik gibt es einen zellulären Automaten, ein Rechnermodell, das »Langtons Ameise« genannt wird. Stellen Sie sich eine Ameise namens Langton vor, die willkürlich auf einem Raster aus schwarzen und weißen Quadraten herumläuft. Langton kennt nur zwei Regeln: (1) Wenn er auf einem weißen Feld landet, dreht er sich um 90 Grad nach rechts, wechselt die Farbe des Feldes und läuft ein Feld vor; (2) wenn er auf einem schwarzen Feld landet, dreht er sich um 90 Grad nach links, ändert die Farbe des Feldes und läuft ein Feld vor. Unabhängig davon, wie das Raster zu Beginn angelegt wurde, unabhängig davon, welche Zusammensetzung aus weißen und schwarzen Feldern man als Anfangskonfiguration gewählt hat, nach etwa 10 000 Schritten wird Langton fortan bis in alle Ewigkeit ein sich wiederholendes »Autobahn«-Muster aus 104 Schritten zurücklegen.

Mit anderen Worten: Langton wird sich, egal, wie er beginnt, immer diesem komplexen Muster nähern. Es handelt sich hier lediglich um eine einzige Ameise, die nur zwei Regeln folgt. Das Langton-Modell veranschaulicht, wieso sich eine Ameisenkolonie in der realen Welt so spektakulär verhalten kann. Ein besonders faszinierendes Beispiel für das selbstorganisierte Verhalten einer Ameisenkolonie zeigen die Kolonien der Tropischen Wanderameise aus der Neuen Welt.

Wenn die Kolonie sich tagsüber ausruht (sogar Ameisen pflegen den Müßiggang!), wäre es Zeitverschwendung, dafür aufwändige Nester zu bauen. Stattdessen bilden die Ameisen mit ihren eigenen, zusammengeballten Körpern ein lebendiges Nest, in der Fachsprache »Biwak« genannt, um die Königin und die jungen Ameisen vor Eindringlingen zu schützen. Die Ameisen klammern sich mit ihren Körpern aneinander und formen so eine Art Zeltstruktur – ohne dass ihnen ein Ameisenchef sagen müsste, was zu tun ist.

Die Temperatur und Feuchtigkeit in diesem Nest wird streng reguliert, indem die Ameisen Form und Position des Biwaks anpassen. Auf der Suche nach Nahrung strömt eine Kolonne von Hundertausenden von Ameisen aus dem Nest, schnappt sich alles, was sich bewegt, dreht um und kehrt wieder zurück zur Kolonie. Die Kolonie verhält sich dann wie ein einziger Organismus, der einen Arm ausstreckt. Während der Nacht löst sich das Biwak auf, und die Kolonie bricht zum nächsten Lagerplatz auf.

Dabei muss man sich klarmachen, dass keine der Ameisen auch nur eine Ahnung davon hat, dass sie Teil des gesamten Biwak-Baus ist, geschweige denn davon, dass sie Teil einer größeren Kolonie ist. Die einzelne Ameise verbindet sich nur deshalb mit ihren Nachbarn, weil die Tageszeit, die Temperatur oder andere Umweltfaktoren einen Schwellenwert überschritten haben, bei dem die Regel »Verbinde dich mit dem Körper deines Nachbarn« zur Anwendung kommt.

Mit der einzelnen Nervenzelle Ihres Gehirns verhält es sich ebenso. Auch sie weiß nicht, dass sie Teil des Gehirns ist und gemeinsam mit den anderen Ihr Ich bildet. Ihr Bewusstsein ähnelt folglich sehr dem Biwak der Wanderameisen. Jahrhundertelang hielten die Menschen an der philosophischen Vorstellung fest, dass irgendwo in unserem Gehirn ein Männchen namens Homunkulus alle Aktivitäten lenkt. Oder dass auch ohne Homunkulus ein bestimmter Teil des Gehirns ähnlich wie ein Befehl– und Kontrollzentrum fungiert, von dem aus entschieden wird, was das Gehirn tun soll.

Die Neurowissenschaft konnte beweisen, dass ein solches Kontrollzentrum im Gehirn nicht existiert. Es gibt zwar Knoten in den Netzwerken des Gehirns, deren Aktivität maßgeblicher ist als die anderer, aber es gibt keinen einzelnen Knoten, der über das Handeln bestimmt. Das Gehirn funktioniert vielmehr wie eine Ameisenkolonie: Milliarden von Nervenzellen arbeiten ohne äußeren oder inneren Vermittler zusammen, um ein Ich zu bilden. Mit anderen Worten: Sie sind ein sich spontan bildendes selbstorganisiertes Phänomen.

Genau wie Ameisen folgen auch Nervenzellen Algorithmen, und sie treffen schnelle, binäre Entscheidungen auf der Basis von Signalen, die sie empfangen. Wird bei einer Nervenzelle durch eingehende Signale ein bestimmter elektrochemischer Schwellenwert erreicht und ihre Schwingungen sind teilweise synchron zu denen ihrer Nachbarn, feuert sie ein Aktionspotenzial ab, das sich auf andere Nervenzellen ausbreitet, mit denen sie verbunden ist. Diese Aktivität kann weitere Nervenzellen entweder dazu bewegen zu feuern oder nicht zu feuern, je nach Kontext. Der Anschein einer äußerst komplexen Organisation entsteht durch das Zusammenspiel von Milliarden kleinerer und einfacherer Teile.

Die Interaktion von Milliarden einzelner Nervenzellen, die Billionen von Verbindungen nutzen, ermöglicht das Entstehen der unendlichen menschlichen Kreativität, genau wie eine Ameisenkolonie sehr viel kreativer und anpassungsfähiger als die einzelne Ameise ist. Natürlich erschöpft sich hier bereits der Vergleich zwischen Ameisen und Menschen. Und wie ich bereits dargelegt habe, funktioniert diese Analogie wirklich nur auf der Ebene der Nervenzellen des Gehirns. Ein einzelner Mensch kann nicht mit einer Arbeiterameise, einer Drohne oder Soldatenameise gleichgesetzt werden. Die Zahl der Verhaltensregeln, denen ein einzelner Mensch folgt, ist nicht bekannt und womöglich unendlich.

Auch können wir uns der Regeln bewusst werden, denen wir folgen, und haben bis zu einem gewissen Grad die Wahl. Und was am wichtigsten ist: Menschen können neue Regeln einführen, denen sie folgen. Doch gibt es einen bedeutenden Aspekt, in dem sich menschliche Gehirne und Ameisenkolonien sehr gleichen: Als komplexe selbstorganisierte Systeme haben sie sich an bestimmte Parameter angepasst. Verschieben sich diese Parameter zu stark, zum Beispiel durch einen Klimawandel, können Ameisenkolonien zugrunde gehen.

Da einzelne Ameisen in ihrem Verhalten nur bis zu einem sehr geringen Grad frei sind, ist ihr gemeinsames Verhalten sehr auf die Umgebung abgestimmt. Genauso verhält es sich mit den einzelnen Nervenzellen des Gehirns: Sie leben harmonisch zusammen in unserem Schädel. Im Gegensatz zu einer Ameise ist der Freiheitsgrad des menschlichen Gehirns als Ganzes womöglich unbeschränkt. So entsteht unsere einzigartige Intelligenz und Kreativität. Vielleicht bewahrt uns das auch davor, an einem Leben als Sklave Gefallen zu finden – wie die Ameise.

Für Bertrand Russell war Arbeit (1) »das Verlagern der Materie auf oder nahe der Erdoberfläche in Bezug auf andere derartige Materie und (2) andere Leute anzuweisen, dies zu tun«. Zudem stellte er fest, dass Ersteres unangenehm und schlecht bezahlt, Letzteres angenehm und gut bezahlt sei.

6 | Revolution oder Selbstmord

»Aus genau diesem Grund dürfen Arbeiter bei Foxconn zwar von Gebäuden springen, aber keinen ›Ärger machen‹.«

Arbeiter bei Foxconn

»Spezialisierung ist etwas für Insekten.«

Bart Kosko, Professor an der University of Southern California, Autor von *Noise*

Die Kollektivierung der sowjetischen Bauernbetriebe in den 1930er-Jahren und die landwirtschaftliche Entwicklung der amerikanischen Kolonien waren Versuche, Menschen zugunsten der Mächtigen eine Struktur von ganz oben aufzuerlegen. In jeder Gesellschaft verlangte ein kleiner Kader einflussreicher Personen entweder symbolische oder wirtschaftliche Macht, und so führten sie, um ihre Ziele zu erreichen, ein autoritäres gesellschaftliches Ordnungssystem ein.

Die Menschen nahmen nicht freiwillig an diesen Maßnahmen teil – ihnen wurden schwere Strafen angedroht, und sie wurden fortwährend überwacht, um sicherzustellen, dass sie weiterarbeiteten.

Die Natur verweigert sich häufig der Reglementierung. Im 18. Jahrhundert beispielsweise wurde in Deutschland als Bestandteil der Forstwirtschaft die Forstwissenschaft eingeführt – ein Versuch, Kontrolle über die wilden Naturwälder zu gewinnen und sie nach wissenschaftlichen Kriterien zu nutzen. Staatsbürokraten forderten von bestimmten Bäumen höhere Erträge, die die alten, gewachsenen Wälder nicht verlässlich liefern konnten. Und sie wollten genau erfassen und bestimmen, welchen Gewinn der Wald abwirft.

Der Anthropologe James C. Scott beschreibt den Beginn des wissenschaftlichen Waldbaus in seinem einflussreichen Buch *Seeing like a State*. Die wissenschaftlichen Forstplaner ersetzten das komplexe Ökosystem natürlicher Wälder durch vereinfachte »Wissenschaftswälder«, um mit bestimmten Holzarten maximalen Gewinn zu erzielen. Sie pflanzten Wälder an, die an eine Excel-Tabelle erinnerten: Reihe um Reihe sauber angeordneter Bäume von ein und derselben Art. Eine Monokultur. In der ersten Generation funktionierte das wunderbar: Die Gewinne stiegen, das Holz ließ sich leicht roden, und die Bürokraten konnten die Bäume genau zählen, um Vorhersagen für die Zukunft zu treffen.

Zwangsläufig rebellierten die Wälder. Innerhalb einer Generation fielen die Erträge einiger Bäume um 30 Prozent – dies führte zu einem richtiggehenden »Waldsterben«, lange bevor dieser Begriff in den 1980er-Jahren in aller Munde war. Zu diesem Zeitpunkt hatte sich der Nährstoffkreislauf des Bodens durch die Monokultur unwiderruflich verändert. In den schlimmsten Fällen starb der ganze Wald ab. Der Grund für das Scheitern des »wissenschaftlichen Waldbaus« war die vollkommene Ignoranz der Wissenschaftler gegenüber der Funktion von Wäldern.

Auch Wälder sind selbstorganisierte Systeme. Ihre Gesundheit wird aufrechterhalten durch eine extrem komplexe Interaktion zwischen unterschiedlichen Bodensorten, Tieren, Insekten (wie Ameisen), Pflanzen, Pilzen, Bäumen und dem Wetter. Da durch den wissenschaftlichen Waldbau dieses vorzüglich ausbalancierte und aufeinander abgestimmte System durch Gleichförmigkeit gestört wurde und man versuchte, den Wald »produktiver« zu machen, kollabierte das Ökosystem. Nun, bestimmt wurden die Prinzipien des »wissenschaftlichen Waldbaus« auf dem Müllhaufen der Geschichte entsorgt, nicht wahr? Denken Sie an Apple. Apple, die wertvollste Marke der Welt, Hersteller der coolsten digitalen Geräte, die die Menschheit je gesehen hat, umgeht die verstaubten Prinzipien des wissenschaftlichen Waldbaus in Deutschland, oder etwa nicht?

Sie haben vielleicht schon von den entsetzlichen Arbeitsbedingungen in den chinesischen Fabriken gehört, in denen praktisch alle Elektronikprodukte hergestellt werden. Ihre vorübergehende Besorgnis mag durch neuere Ankündigungen beschwichtigt worden sein, die Fabriken würden sich um bessere Arbeitsbedingungen bemühen. Die Produkte von Apple werden von einer taiwanesischen Firma namens Foxconn in China hergestellt. Foxconn wendet bei seinen Millionen von Arbeitern stolz sogenannte »wissenschaftliche Management-Techniken« an.

Die Begründung für etwas Derartiges ist immer dieselbe: Eine kleine Gruppe einflussreicher Menschen möchte Systeme kontrollieren, die an sich unkontrollierbar sind, damit diese Systeme dazu gebracht werden, Dinge tun, die sie ansonsten nicht tun würden. Diese kurzzeitigen Lösungen werden immer als Offenbarung begrüßt. Kurzfristig führen sie sicher zu ausgezeichneten Ergebnissen.

Aber ob wir über Wälder oder Menschen reden, wissenschaftlich gesehen handelt es sich um selbstorganisierte Systeme, und daher kann ein externer Vermittler sie nicht kontrollieren. Sie dazu zu zwingen, ihre natürlichen Schwankungen und Vielschichtigkeiten im Namen der Produktivität zu unterdrücken, wird immer in die Revolution, in die Krise oder zum Zusammenbruch führen. Bei Bäumen kommt es zum Waldsterben. Menschen begehen vielleicht Selbstmord. Zum Zusammenbruch kommt es womöglich bei einem Unternehmen oder einem ganzen Industriezweig.

Foxconns Managementansatz ist ziemlich einfach: Lass jeden Menschen eine hoch spezialisierte, sich wiederholende Aufgabe erledigen, für die kein eigenständiges Denken oder keine Fertigkeiten erforderlich sind. Diese Art spezialisierter Arbeit funktioniert in einer Ameisenkolonie gut, weil die einzelne Ameise als relativ einfach gestricktes Lebewesen aufgrund ihrer genetischen Voraussetzungen bereits darauf spezialisiert ist, bestimmte Aufgaben ohne Nachdenken auszuführen.

Menschen sind für Spezialisierungen eigentlich völlig ungeeignet. Daher führt jeder Versuch, Menschen für den Profit reicher Leute in Arbeiterinsekten zu verwandeln, zu massivem menschlichem Elend. Terry Gou, der Geschäftsführer von Foxconn, räumt in einer seiner Reden ein, dass sich Menschen, die aufsteigen wollen, Folgendes einprägen müssen: »Das Leid ist der eineiige Zwilling des Wachstums.«

In einer bemerkenswerten Studie über mehrere Selbstmorde, die sich vor Kurzem bei dem Apple-Zulieferer ereigneten, berichten Pun Ngai und Jenny Chan vom Schicksal der 17-jährigen Arbeiterin Tian Wu, die am 17. März 2010 aus dem vierten Stock ihres Arbeiterwohnheims sprang.[2] Tian war gerade aus dem ländlichen Hubai nach Longhua gezogen, um in der Foxconn-Fabrik zu arbeiten. Vor ihrem »Unfall«, wie sie es nennt, galt sie als sorgloses Mädchen, das Blumen liebte.

Nachdem sie 37 Tage auf dem Foxconn-Campus in Longhua gearbeitet hatte, versuchte sie sich das Leben zu nehmen. Sie überlebte, anders als vierzehn ihrer Kollegen, die 2010 und 2011 innerhalb einer Zeitspanne von zwei Monaten ebenfalls versucht hatten, sich umzubringen. Tian wird vermutlich für den Rest ihres Lebens an den Rollstuhl gefesselt sein.

Foxconn arbeitet mit einem Rund-um-die-Uhr-Produktionsplan und erlegt den Arbeitern oftmals Überstunden auf. Sie leben in Wohnheimen, vor deren Türen bewaffnete Sicherheitsleute stehen. In den engen Unterkünften gibt es so gut wie keine Privatsphäre. Die Arbeiter werden wahllos auf die Schlafsäle

---

2 Die Studie »Global Capital, the State, and Chinese Workers: The Foxconn Experience« beschreibt detailliert die entsetzlichen Bedingungen, unter denen die Arbeiter, die die Apple-Produkte herstellen, leben und arbeiten müssen. Sie deckt die Mitschuld von Apple daran auf, dass die Löhne gedrückt werden und die Rechte der Arbeiter auf ein Minimum beschränkt sind. Bevor Sie also Ihr nächstes supercooles Apple-Produkt kaufen oder die lobhudelnde Steve-Jobs-Biografie von Walter Isaacson lesen, empfehle ich Ihnen dringlich, diese Studie zu lesen, die es kostenlos online gibt.

verteilt, wodurch bestehende soziale Netzwerke aufgebrochen und Arbeiterorganisationen auf ein Minimum beschränkt werden. Übernachtungsgäste sind nicht erlaubt. Das gesamte Leben eines Foxconn-Mitarbeiters ist der Produktion von billiger Elektronik gewidmet, meist für Konsumenten im Westen.

Seit Kurzem wird auf Apple und andere Technologieunternehmen Druck ausgeübt, die Beziehungen zu ihren chinesischen Zulieferern wie Foxconn zu überprüfen. Ich würde jedoch behaupten, dass es die grundlegende *Art* der Arbeit ist, die Menschen in den Selbstmord treibt. Für Foxconn zu arbeiten bedeutet, Zeitmanagement folgerichtig zu Ende zu denken. Die Unternehmensführung legt die Pausen zum Waschen, Essen und Schlafen so fest, dass sie mit den Produktionsplänen zusammenpassen, um den maximalen Nutzen aus der Schichtarbeit zu holen.

Wir im Westen sind stolz auf unsere neue Wirtschaft, die auf Flexibilität basiert, und auf unsere Informationsrevolution. Die industrielle Produktion gilt in unseren Augen anscheinend als verstaubtes Relikt aus der Mitte des 20. Jahrhunderts, als hätten wir uns mittlerweile irgendwie von den hässlichen und überholten Fertigungstechniken befreit. Wir alle leben nun in der Cloud. Tatsächlich aber ist Foxconn der größte private Arbeitgeber in ganz China. Das Unternehmen beschäftigt mehr als 1,4 Millionen Menschen, davon sind allein 400 000 in einer einzigen Fabrik angestellt. 400 000 Menschen – das entspricht ungefähr der Bevölkerung von Bochum – arbeiten auf einem einzigen Fabrikgelände.

Die Fair Labor Association hat Foxconn kürzlich überprüft und ist zu dem Schluss gekommen: »In den Fabriken werden die rechtlichen Vorschriften zur Beschränkung der Arbeitszeit unterlaufen, Überstunden werden nicht korrekt erfasst und bezahlt, Praktikanten wird entgegen den chinesischen Gesetzen erlaubt, Überstunden zu machen, und in Hochbetriebszeiten arbeiteten die Beschäftigten mehr als sieben Tage hintereinander ohne Ruhetag. Außerdem wurden bei der Überprüfung zahlreiche Gesundheitsprobleme und Sicherheitsmängel entdeckt, und es stellte sich heraus, dass es zwar eine Gewerkschaft mit Tarifvereinbarungen gibt, diese aber weder internationalen noch nationalen Standards gerecht wird.«

Ein Foxconn-Arbeiter berichtet: »Wir werden die ganze Zeit über angeschrien. Es geht hier sehr grob zu. Wir sind in einem ›Konzentrationslager‹ der Arbeitsdisziplin gefangen – Foxconn leitet uns gemäß dem Prinzip Gehorsam, Gehorsam und absoluter Gehorsam! Müssen wir unsere Menschenwürde der Produktionseffizienz opfern?« Ngais Studie zeigt auf, dass es in diesem unmenschlichen Umfeld unter den Arbeitern zu kleinen Widerstandshandlungen kommt, etwa durch den Diebstahl von Produkten, einer Drosselung der Geschwindigkeit, Arbeitsunterbrechungen, kleineren Streiks und manchmal sogar durch Sabotage, die die Produktion tatsächlich verzögert.

Dann sind da natürlich noch die Selbstmorde als letzte Möglichkeit eines Arbeiters, Kontrolle über sein Leben auszuüben. Das System – in diesem Fall das Gehirn des Arbeiters – versucht, Schwankungen in sein Leben zu bringen – durch Diebstahl und Sabotage –, um einen insgesamt stabileren Zustand zu erreichen, in dem sich die innere Dynamik des Systems in Einklang mit der Umgebung befindet.

Komplexe Systeme existieren sehr nahe am Grat zwischen Ordnung und Unordnung – dies wird »selbstorganisierte Kritikalität« genannt. Auf diese Weise können sich diese Systeme an ein neues Umfeld anpassen. Hier, am Rande des Chaos, ändern Systeme schnell ihre innere Struktur, bis sie einen stabilen Zustand gefunden haben. Dennoch hat diese Anpassungsfähigkeit ihre Grenzen, und sie sind nichtlinear. Wird ein bestimmter Schwellenwert überschritten, bricht das System vollständig zusammen, und es kommt zur Katastrophe. Ein eindrucksvolles Beispiel hierfür ist die Art und Weise, wie Gletscher schmelzen. Gletscher halten einen gewissen Grad an Erwärmung aus, aber wenn die Schmelze einen bestimmten Schwellenwert (im Fachjargon Tipping Point, zu Deutsch: Umkipp-Punkt) überschritten hat, wird sich der Gletscher langsam auflösen, selbst wenn die Temperatur wieder sinken sollte.

Oft wird das Konzept vom nichtlinearen Schwellenwert anhand von Sandhäufchen veranschaulicht, mit denen man zeigt, wie sich selbstorganisierte Systeme an der Grenze zwischen Ordnung und Unordnung halten. Stellen Sie sich eine vollkommen flache Oberfläche vor, auf die Sie mit konstanter Geschwindigkeit Sandkörner streuen. Die Sandkörner fallen willkürlich auf eine der Seitenflächen des wachsenden Häufchens. Zunächst ist das Häufchen klein und sein Neigungswinkel flach. Je mehr Sand Sie darauf rieseln lassen, desto höher wird das Häufchen.

Ab einem bestimmten Punkt wird der Winkel des Häufchens so steil sein, dass jedes zusätzliche Sandkorn eine kleine Lawine auslösen kann. Irgendwann nähern sich die Neigungswinkel des Häufchens und die Häufigkeit der Lawinenabgänge einander an und stellen ein Gleichgewicht her, sodass die Gesamtstruktur des Häufchens erhalten bleibt. Grund dafür ist die Dissipation, das heißt, der Sand, der am Hang des Häufchens herunterrutscht, schafft einen Ausgleich für den neuen Sand, der aufgeschüttet wird. Fügt man noch mehr Sand hinzu, wird der Neigungswinkel des Häufchens irgendwann so steil, dass jedes weitere Sandkorn eine katastrophale Lawine auslöst, die das ganze Häufchen abflachen lässt.

Pausenloses Arbeiten ist zum neuen Ehrenabzeichen digital vernetzter Angestellter geworden. Wir laufen mit unseren technischen Spielereien herum und versuchen, unsere Wertversprechen zu definieren. Der Zwang, Unternehmen unser Leben durch Apps und Kalender organisieren zu lassen, rührt daher, dass wir von der eigentlichen Funktion unseres Gehirns keine Ahnung haben. Wir weigern uns zu begreifen, dass unser Gehirn bereits ein Wunder der komplexen Organisation ist.

In seinem wenig beachteten Aufsatz »Warum Sozialismus?« von 1949 schrieb Albert Einstein: »Wenn wir uns fragen, wie sich die Struktur einer Gesellschaft und die kulturelle Einstellung eines Menschen ändern sollten, um das menschliche Leben möglichst befriedigend zu gestalten, sollten wir uns immer der Tatsache bewusst sein, dass es bestimmte Umstände gibt, die wir nicht ändern können. Wie ich bereits erwähnte, ist in der Praxis in der biologischen Natur des Menschen keine Änderung vorgesehen.«

Auch wenn unser Verständnis der »biologischen Natur des Menschen« fortwährend auf den neuesten Stand gebracht wird, lag Einstein richtig damit, dass das Gehirn seine Grenzen hat. Obwohl unser Leben einfacher ist, leben wir auf derselben Skala wie ein chinesischer Arbeiter. Der Preis des Erfolges ist derselbe. Zunehmend versuchen sich Unternehmen in »flachen« Hierarchien. Doch je weniger explizit die Hierarchie in einem Arbeitsumfeld ist, desto mehr Verantwortung wird normalerweise von jedem einzelnen Angestellten erwartet. Die Grenze zwischen Privatleben und Beruf verschwimmt, wenn die endlosen Aufgabenlisten einfach an alle verteilt werden.

Dank Ihrer Mobilgeräte sind Sie an sieben Tagen die Woche rund um die Uhr erreichbar, um berufliche Anfragen zu bearbeiten. Es gibt praktisch keinen Ort mehr, an dem Sie nicht arbeiten könnten. Ihr Geist kann sich nie wirklich ausruhen. Heute hat ein Berufstätiger, der vornehmlich geistig arbeitet, vielleicht nie das Gefühl, *nicht* zu arbeiten. Aus der Sicht kapitalistischer Investoren ist es effektiver, die Angst vor der Niederlage in einem ewigen Wettstreit zu schüren, als Vorgesetzte einzustellen, die die Angestellten einschüchtern. Dieser Arbeitszwang ist Teil einer von außen auferlegten Ordnung. Es kann sich dabei um einen Terminplan handeln, eine To-do-Liste, einen Geschäftsprozess, um öde Projekte und Zeitmanagement-Aktionen oder um die Anweisungen eines Kunden, der bereits vor sechs Monaten Ergebnisse sehen wollte.

Am anderen Ende der Skala finden sich Arbeiter wie Tian Wu aus der Foxconn-Fabrik in China. Sie zahlen den Preis für unsere digitale Mobilität, und manchmal bezahlen sie dafür mit ihrem Leben. Der Anarchist Michail Bakunin schrieb: »Die Freiheit aller ist für meine eigene Freiheit entscheidend.« Er wollte damit sagen, dass niemand von uns wirklich frei ist, solange einige von uns versklavt werden.

In *Wohlstand der Nationen* schreibt Adam Smith: »Denn eine große Anstrengung des Geistes oder des Körpers, mehrere Tage hintereinander fortgesetzt, hat bei den meisten Menschen die natürliche Folge, dass sie ein starkes Verlangen nach Untätigkeit spüren, ein Verlangen, das, wenn es nicht mit Gewalt oder durch herbe Not bezwungen wird, fast unwiderstehlich ist. Die Natur fordert eine Erleichterung, die ihr bisweilen als bloße Ruhe, manchmal aber auch als Zerstreuung und Vergnügung gewährt werden muss; geschieht das nicht, so sind die Folgen oft gefährlich, manchmal verderblich und fast immer so, dass sie früher oder später zu der dem Gewerbe eigentümlichen Krankheit führen. Wollten die Meister immer auf die Eingebung der Vernunft und Menschlichkeit hören, so würden sie oft Veranlassung haben, den Fleiß ihrer Arbeiter eher zu mäßigen, als anzufeuern.«

Wir müssen uns fragen, weshalb und für wen wir all diese Arbeit erledigen. Denken Sie daran, dass Ihr Gehirn 100 Milliarden Nervenzellen besitzt, die durch 200 Billionen Synapsen verbunden sind. Seine Aktivität wird durch ein spektakuläres Orchester elektrischer Aktivität geregelt, die die Nervenzellen und Gehirnregionen synchronisiert und desynchronisiert, um jene komplexe Harmonie zu erschaffen, die es uns ermöglicht, Menschen zu sein.

Eine der Produktivität und dem Zeitmanagement zugrunde liegende Annahme lautet, die natürliche Arbeitsweise des Menschen müsse zugunsten des Unternehmens und der Leistungsfähigkeit unterdrückt werden. So besteht die Produktivitätsstrategie des Zeitmanagement-Experten David Allen beispielsweise darin, unnötige Gedanken aus dem Kopf zu verbannen. Er hält uns dazu an, alles, worüber wir uns gerade Gedanken machen, aus dem Kopf zu »holen« und in einer Art – möglichst automatisiertem – To-do-Listen-Manager abzulegen, so ähnlich wie die zahllosen Produktivitäts-Apps auf unserem iPhone. Besorgungen, E-Mails, die geschrieben, Rechnungen, die bezahlt, Konten, die gemanagt werden müssen, Bestandsaufnahmen und strategische Marketingplanungen, die es zu optimieren gilt – was auch immer Ihnen im Lauf eines hektischen Tages in den Sinn kommt. In dem Moment, in dem Sie eine tatsächliche Auflistung dieser Aufgaben vor sich haben, belegen diese im Gehirn keinen Gedächtnisraum mehr, Sie werden Sie nicht so leicht vergessen und müssen sich keine Sorgen darüber machen.

Nirgendwo in seinem Gebot, ein »Produktivitätsgenie« zu werden, deutet Allen an, dass Sie – wenn Sie sich fortwährend auf Gedächtnishilfen und digitale Gymnastik verlassen müssen, um den Tag zu überstehen – vielleicht einfach zu viel zu tun haben. Wie ich gezeigt habe, hat auch das menschliche Gehirn seine Grenzen. Nach dem heutigen wissenschaftlichen Verständnis von unserem Gehirn verfügt jeder von uns über eine einzigartige Ordnung und Struktur, die wir verstehen lernen müssen – durch Nichtstun genauso wie durch Aktivität.

Diese Einzigartigkeit ist es auch, die uns verbindet. Zu erkennen, was allen Menschen gemein ist – Selbstorganisation, Komplexität und Nichtlinearität –, sollte uns befreien und entspannen. Selbstorganisierte Dynamiken spielen bei der Verarbeitung von Informationen im Gehirn eine grundlegende Rolle. Auch das Nervensystem ist ein nichtlineares, dynamisches System, das mit dem Gehirn gekoppelt ist. Die Fähigkeit des Herzens, flexibel auf Aktivitätsänderungen zu reagieren, bewahrt uns vor Herzinfarkten oder Schlaganfällen. Geringere Schwankungen der Herzfrequenz sind ein eindeutiger Hinweis auf ein Herzleiden.

Außerdem ist es so, dass Teile des Default-Mode-Netzwerkes eng an die Regulierung der Herzrhythmus-Schwankungen gekoppelt sind. Neben anderen Regionen spielt auch der anterior-cinguläre Cortex eine wichtige Rolle bei der Regulierung des Stresses, der das Herz erreicht. Durch Müßiggang können der anterior-cinguläre Cortex und unser Nervensystem zu einer stabilen und variablen Dynamik finden. Stress dagegen reduziert die Schwankungen unserer Herzfrequenz: Bei geringer Aufregung wird das Herz in eine Habtachtstellung gezwungen, die es nicht unbegrenzt aufrechterhalten kann.

Ein extremes Beispiel für Unordnung in diesem System ist die Posttraumatische Belastungsstörung (PTBS). Menschen mit einer PTBS fühlen sich so, als seien sie ununterbrochen in Habtachtstellung; aus Angst vor erneuter Gewalt können sie sich nicht mehr entspannen. Ihr Herz ist daher immer in Alarmbereitschaft, was die Schwankungen des Herzrhythmus reduziert. Permanente Überarbeitung kann als milde Form einer PTBS betrachtet werden.

Wie Einstein andeutete, sollten wir alle so frei sein, dass sich unsere eigene Ordnung und Struktur natürlich entwickeln kann und wir unsere Tage so verbringen können, wie wir es wünschen. Jeder hasst es, für andere Leute zu arbeiten. Und die ganze Zeit über wahnsinnig beschäftigt zu sein ist nicht nur schlecht für Sie, es hält Sie auch davon ab, den Menschen zu entdecken, der Sie sein könnten.

7 | Das Signal ist das Rauschen

»Als er auf und ab ging [...], blieb er plötzlich unvermittelt stehen – denn er schien eine Stimme durch das Tosen des Windes zu vernehmen.«

Donald Prater, *Ein klingendes Glas:*
Das Leben Rainer Maria Rilkes

Im Jahr 1912 weilte Rilke auf dem italienischen Schloss Duino, das im Besitz einer tschechischen Prinzessin war. Als er nach Duino kam, hatte er schon eine längere Schaffenskrise hinter sich. Noch immer versuchte er in Erfahrung zu bringen, wie er in seinem Unterbewusstsein dem lauschen konnte, was er die nächste »Wende« seines Lebens nannte.

Auf dem Schloss verbrachte Rilke tagtäglich einige Stunden damit, in der Nähe der 200 Fuß hohen Felsen zu spazieren, die über dem rauen Meer thronten. Es war bereits etliche Jahre her, dass er ein bedeutendes Gedicht geschrieben hatte. Eines Morgens erhielt er einen ärgerlichen und lästigen Geschäftsbrief. Ungehalten entschied er sich für einen Spaziergang auf einem Pfad zwischen zwei riesigen Festungsmauern des Schlosses, nahe der Steilküste. Es wehte ein starker Adriawind, eine *Bora,* wie es im Italienischen heißt.

Wie Donald Prater beschreibt, vernahm Rilke durch das Tosen des Windes hindurch eine Stimme. Was die Stimme ihm mitteilte, wurde zu einer der berühmtesten Zeilen des Dichters:

»Wer, wenn ich schriee, hörte mich denn aus der Engel Ordnungen?«

Hat Rilke an jenem Tag an der Steilküste den Wind »sprechen« gehört? Ich vermute, dass ihm das Phänomen der »Stochastischen Resonanz« zu einem plötzlichen erweiterten Bewusstseinszustand verholfen hat.

Stochastische Resonanz beschreibt jedes Phänomen, bei dem das Vorhandensein eines inneren oder äußeren Rauschens in einem nichtlinearen System dazu führt, dass das System besser reagiert als ohne das Rauschen. In nichtlinearen dynamischen Systemen – wie dem Gehirn – kann Rauschen zu einem geregelteren Verhalten des Systems führen. Es kann auch schwache innere oder äußere Signale verstärken, sodass unsere Sinnesorgane und sogar unser Bewusstsein sie wahrnehmen. Rauschen und Stochastische Resonanz sind für das Bewusstsein von entscheidender Bedeutung.

Als Rilke an jenem Morgen den Weg am Schloss einschlug und der Wind um ihn zu tosen begann, verstärkte der Lärm vielleicht ein schwaches Signal tief im Innern von Rilkes Geist: *»Wer, wenn ich schriee, hörte mich?«*

Rilke schrieb diese Zeile in ein kleines Notizbuch, das er immer bei sich trug. Er lief in sein Zimmer zurück, und bis zum Abend hatte er die komplette erste Elegie verfasst. Er war aufgebracht bei der Niederschrift und versuchte den Sturzbach der Worte, der nun aus seinem Bewusstsein strömte, aufzufangen. Es war, als wäre ein Staudamm in seinem Kopf gebrochen.

Lärm wird meist als etwas Schlechtes angesehen. Er ist eine Beeinträchtigung. Er ist ein Ärgernis. Zu viel Lärm über einen längeren Zeitraum hinweg kann zum Verlust des Hörvermögens führen. Seit der Erfindung des Telefons und des Computers versuchen Elektroingenieure, das Rauschen – das auch eine Form von Lärm ist – in ihren Systemen loszuwerden. Die Hersteller von Düsenflugzeugmotoren müssen heutzutage strenge Auflagen erfüllen, wenn es darum geht, wie laut ein Motor in der Nähe eines Flugplatzes sein darf. Verkehrsflugzeuge sind heute im Schnitt um etwa 50 Prozent leiser als vor gerade einmal 20 Jahren.

In seinem großartigen Buch *Die Berechnung der Zukunft* schreibt Nate Silver über das Rauschen: »Das Signal ist die Wahrheit. Das Rauschen lenkt uns von der Wahrheit ab.« Während Silvers Beschreibung des Signals und des Rauschens dem entspricht, was uns der gesunde Menschenverstand über Rauschen sagt, gibt es viele Umstände, unter denen das Addieren der richtigen Rauschintensität ein Signal sogar verstärken kann.

Geht man von der Allgegenwärtigkeit von »Rauschen« in unserem Gehirn und der Umwelt aus, ist es nicht überraschend, dass die Evolution biologische Systeme mit der Fähigkeit ausgestattet hat, das Rauschen zum Aufspüren des Signals einzusetzen. In der Tat ist es so, dass das Gehirn ohne zufällige Aktivität – also Rauschen – nicht funktionieren könnte.

Das Tolle an unserem Gehirn ist, dass es sich so entwickelt hat, dass es Signale ohne große Anstrengung unsererseits finden kann. Bei dem Versuch, unsere eigene Wahrheit zu finden, leistet das Gehirn sogar bessere Arbeit, wenn wir müßig sind.

Die Stochastische Resonanz ist in den letzten 30 Jahren zu einem wichtigen Forschungsbereich geworden. Und hier nun die Offenbarung: In nichtlinearen Systemen verstärkt sich tatsächlich das Signal-Rausch-Verhältnis, wenn man eine bestimmte optimale Rauschintensität addiert. Mit anderen Worten: Addiert man Rauschen zu einem schwachen Signal, wird das Signal womöglich stärker.

Roberto Benzi, ein italienischer Physiker an der NATO International School of Climatology, hat die Stochastische Resonanz in den frühen 1980er-Jahren eingeführt, um die immer wiederkehrenden Eiszeiten auf der Erde zu erklären. Eine Eiszeit tritt etwa alle 100 000 Jahre auf. Der Zyklus entspricht auch der Exzentrizität der elliptischen Erdbahn. Dabei geht man davon aus, dass es zwei »Energiequellen« oder eine Doppelquelle gibt, die für zwei klimatische Zustände stehen – gefroren oder warm –, zwischen denen sich die Erde hin- und herbewegt.

Wenn sich die Erde zu einer Seite der Quelle neigt, liegt die Durchschnittstemperatur sehr viel höher; neigt sie sich zur anderen Seite der Quelle, ist es im Durchschnitt viel kälter. Benzi postulierte, dass die klimatischen Zyklen durch eine Kombination aus zufälligen oder »stochastischen« Störeinflüssen auf die Erdbahn und der Exzentrizität verursacht werden; mit anderen Worten: durch Rauschen. Benzi nannte die Kombination aus Exzentrizität und Rauschen »Stochastische Resonanz«, womit er sagen wollte, dass das Rauschen die Auswirkungen der Exzentrizität verstärkt. Ursache des Rauschens waren im Fall der Erde kleine, zufällige Schwankungen der exzentrischen Erdbahn, die das Klima in den einen oder anderen Zustand versetzten.

Betrachten Sie einmal die folgenden Diagramme:

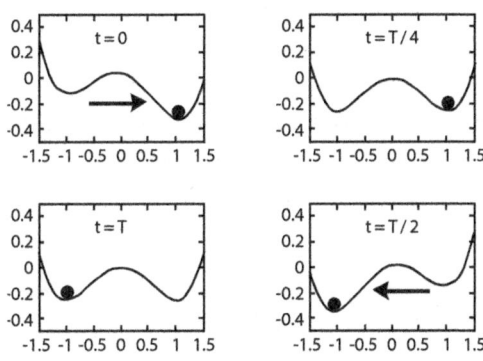

Stellen Sie sich vor, dass die schwarze Kugel im Bild den Zustand des Klimas zu jedem beliebigen Zeitpunkt darstellt.

Die geschwungene Linie, auf der die Kugel ruht, stellt die Erdbahn dar. Befindet sich das Klima in einer der Mulden (+1 oder –1), herrscht entweder Eiszeit, oder es ist warm. Zum Zeitpunkt (t) = 0, wie im oberen linken Diagramm zu sehen, ist die

Wahrscheinlichkeit sehr gering, dass das Klima in den umgekehrten Zustand springt.

Stellen Sie sich nun vor, dass es eine animierte Illustration ist und sich die Wellenlinie auf und ab bewegt und zudem willkürlich zu wackeln beginnt. Was lässt die Kugel von einer Vertiefung in die andere springen?

Zu einer Resonanz kommt es, wenn Rauschen und Erdbahn sich so summieren, dass sie eine große Veränderung bewirken und die Kugel über den Schwellenwert springt – was ohne das Rauschen nicht möglich gewesen wäre.

In den 1990er-Jahren fand an der University of Missouri in St. Louis eine berühmte Demonstration von Stochastischer Resonanz in der Biologie statt. Eine von Frank Moss geleitete Gruppe konnte beweisen, dass Löffelstöre ihre Beute im schlammigen Flusswasser mittels elektronischen Rauschens aufspüren.

Die Löffelstöre in nordamerikanischen Flüssen ernähren sich von Plankton. Durch die Strömungen und den Schlamm lässt sich im Wasser fast nichts erkennen. Und Plankton ist winzig. Der »Löffel« des Löffelstörs ist eigentlich eine elektrosensorische Antenne, die auf die niederfrequenten elektrischen Felder reagiert, die Plankton erzeugt.

Ein großer Planktonschwarm verursacht im Wasser ein Hintergrundrauschen. Die Gruppe um Moss fand heraus, dass die Löffelstöre bei Zugabe einer bestimmten elektronischen Rauschintensität in der Lage waren, auch weiter entferntes Plankton zu finden. Diese Rauschverstärkung wurde auch an den Mechanorezeptoren von Krebsen demonstriert, an den Fühlern von Grillen und an Rattenhirnen.

Menschliche und tierische Nervenzellen sind nichtlineare Schwellenwert-Apparate, und als solche profitieren sie tatsächlich vom Rauschen. Es ist sogar möglich, dass sie ohne Rauschen überhaupt nicht funktionieren würden. Wenn das Gehirn genügend Reize erhält, verändert es zeitweilig seine komplette Dynamik. Bei einer Nervenzelle zeigt sich das am Übergang vom Ruhepotenzial zum Aktionspotenzialfeuer.

Unsere Nervenzellen kommunizieren mittels einer unglaublich komplizierten Choreografie miteinander, zu der auch die elektrische und chemische Abstimmung über Feuermuster innerhalb dieser Nervenzellen gehört. Signale werden hin und her geschickt, und die Nervenzellen synchronisieren oder desynchronisieren teilweise ihre Aktivität, falls dies erforderlich ist. Jede Nervenzelle hat einen dynamischen Schwellenwert, um Aktionspotenziale zu feuern. Mit anderen Worten: Die Schwellenwerte verändern sich mit der Zeit. Nervenzellen reagieren willkürlich und unterschiedlich auf Reize, und die Reaktion wird dann willkürlich in das Netzwerk eingebunden, zu dem die Nervenzelle gehört.

Mit rund 100 Milliarden Nervenzellen in Ihrem Schädel, von denen jede Hunderte Male pro Sekunde feuert, ist der ganze Kopf erfüllt von Rauschen. Aber ist das schlecht? Es könnte sein, dass diese spontane, innere Aktivität des Default-Mode-Netzwerkes für jenes Hintergrundrauschen im Gehirn sorgt, das für die Verarbeitung von Informationen gebraucht wird. Ein abnormal agierendes Default-Mode-Netzwerk dagegen verursacht vielleicht zu viel oder zu wenig Rauschen im Gehirn.

Rauschen kann den Nervenzellen tatsächlich dabei helfen, schwache Signale aus der Umgebung oder von anderen Nervenzellen zu erkennen.

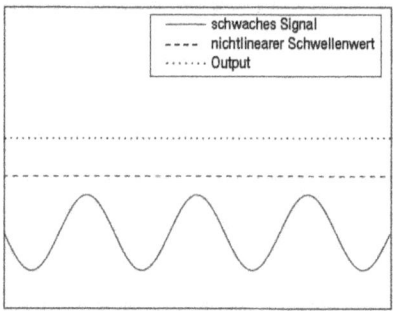

Die obige Abbildung zeigt eine typische Sinuskurve, dargestellt durch die durchgezogene Linie – auch bekannt als »das Signal«. Dieses Signal könnte alles sein, ein Geräusch, ein Bild oder eine Reihe von Aktionspotenzialen anderer Nervenzellen, ja vielleicht sogar ein großartiges Gedicht, das in Ihrem Unterbewusstsein schlummert. Die gestrichelte Linie stellt den Schwellenwert dar – bei einer Überschreitung dieses Schwellenwerts feuert die Nervenzelle.

Beachten Sie, dass die durchgezogene Linie niemals den Schwellenwert überschreitet. Daher tut sich bei der gepunkteten Linie (oberhalb der gestrichelten Linie), die den Output der Nervenzelle darstellt, überhaupt nichts. Es ist ein schwaches Signal ohne Rauschen. Es ist unauffindbar.

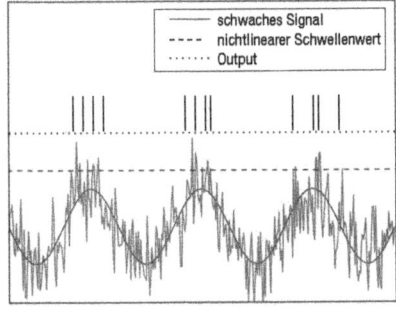

Schauen Sie nun, was passiert, wenn wir die richtige Rauschintensität, dargestellt durch die spitze Zickzacklinie, zur durchgezogenen Linie des Signals addieren. Das Rauschen überschreitet an einigen Stellen den Schwellenwert der Nervenzelle (gestrichelte Linie), und deshalb feuern die Nervenzellen Aktionspotenziale – dargestellt durch die vertikalen Striche oberhalb der gepunkteten Output-Linie.

Fällt Ihnen auf, dass dort, wo das Rauschen den Schwellenwert überschreitet und die Nervenzellen zum Feuern bringt, die Feuerhäufigkeit mit der Frequenz des darunterliegenden Signals übereinstimmt? Demzufolge beschreibt der Output das schwache Signal.

Informationen werden tatsächlich durch Rauschen übermittelt.

Dieser Mechanismus funktioniert auch auf der Ebene der sinnlichen Wahrnehmung, sodass Rauschen unterschwellige Geräusche verstärkt. Rauschen kann auch blasse Bilder verbessern. In der Fachliteratur zur visuellen Wahrnehmung der Stochastischen Resonanz findet sich das berühmte Bild des Big Ben in London (Abbildung aus Simonotto, 1997):

Das Signal ist hier ein Foto des Big Ben in einer 256-Graustufen-Digitalisierung und mit einer Auflösung von 256 × 256 Pixel, das für ein Experiment künstlich unter einen wahrnehmbaren Schwellenwert gesetzt wurde. Die Abbildungen oben zeigen nun dieses (schwache) Signal, zu dem jeweils Rauschen in drei unterschiedlich starken Intensitäten addiert wurde (die Intensität nimmt von links nach rechts zu).

Die einzelnen Pixel erscheinen schwarz, sobald sie den Schwellenwert überschreiten, bzw. bleiben weiß, wenn sie unterhalb des Schwellenwerts liegen. Der Rauschpegel wird gesteigert, indem man die maximalen und minimalen Zufallswerte erhöht. Wie das mittlere Bild zeigt, gibt es einen optimalen Rauschwert. Dieser Rauschlevel erschafft zusammen mit dem ursprünglichen Signal ein klares Bild.

Die richtige Rauschintensität verbessert also das Signal-Rausch-Verhältnis. Wird zu viel Rauschen addiert, entsteht das schlechte Bild auf der rechten Seite.

»Warst du nicht immer noch von Erwartung zerstreut,
als kündigte alles eine Geliebte dir an?«

Rainer Maria Rilke, aus *Die erste Duineser Elegie*

Während meiner Hochschulzeit in Schweden untersuchte ich gemeinsam mit dem Psychologen Sverker Sikström, ob Kindern mit Aufmerksamkeitsdefizit-/Hyperaktivitätsstörung – genannt ADHS – durch Rauschen geholfen werden könnte. Sikström entwickelte ein Modell dazu, wie Stochastische Resonanz mit dem Dopamin-System im Gehirn interagiert. Es basiert auf der zunächst widersprüchlichen Entdeckung des Psychologen Göran Söderlund, dass Umgebungsgeräusche Kindern mit ADHS tatsächlich helfen, sich an eine Liste mit Anweisungen zu erinnern. Wir stellten die Theorie auf, dass Rauschen ein Ersatz für Amphetamine sein könnte.

Das Arbeitsgedächtnis von Menschen mit ADHS hat oft nur eine sehr kurze Spanne. »Arbeitsgedächtnis« bezieht sich auf die Fähigkeit, Informationen vorübergehend im Gehirn zu speichern, nachdem sie aus dem Umfeld verschwunden sind. Jemand nennt Ihnen seine siebenstellige Telefonnummer: Wie lange können Sie sich an die sieben Zahlen erinnern? An welche Zahlen können Sie sich erinnern, und wie lange?

Dank der Mobiltechnologie müssen wir unser Arbeitsgedächtnis heutzutage kaum noch bemühen. Dennoch hat das Arbeitsgedächtnis eine zentrale kognitive Funktion. Wenn Sie ein schlechtes Arbeitsgedächtnis haben, schneiden Sie womöglich auch bei vielen anderen Dingen schlecht ab, zum Beispiel beim Zeitmanagement.

Forscher gehen davon aus, dass das schlechte Arbeitsgedächtnis von Menschen mit ADHS mit dem Dopamin im präfrontalen Cortex zusammenhängt. Dopamin gehört zu einer Art von Neurotransmittern, die von unserem Gehirn synthetisiert werden. Ohne diese Neurotransmitter wäre man nicht in der Lage zu denken oder irgendetwas zu fühlen. Zu dieser Art von Neurotransmittern gehören Serotonin, Noradrenalin und Acetylcholin.

Dopamin liegt vielen wichtigen Gehirnfunktionen zugrunde, etwa dem Lernen, dem Gedächtnis, der Freude und der Motivation. Kinder mit ADHS müssen sehr stark motiviert werden, um etwas zu tun, was ihre Aufmerksamkeit erfordert. Man geht davon aus, dass Menschen mit ADHS aufgrund von genetischen Mutationen, die zu niedrigen Niveaus des sogenannten tonischen Dopamins (das konstante Dopamin-Niveau in den Synapsenspalten Ihres Gehirns) geführt haben, eine übersteigerte stoßartige oder phasische Dopamin-Reaktion auf innere und äußere Reize zeigen.

Da das Gehirn immer versucht, die Homöostase aufrechtzuerhalten, reagiert es auf ein Ungleichgewicht häufig mit einem Ausgleichsmechanismus. Ein niedriges tonisches Dopamin-Niveau gleicht ein ADHS-Gehirn dadurch aus, dass bei jedem Reiz sehr viel phasisches Dopamin freisetzt wird.

Dies ist eine Art Dopamin-Explosion, ähnlich der, die man hat, wenn man sich mit etwas belohnt, zum Beispiel, indem man eine Zigarette raucht, einen Whiskey oder Wein trinkt, Sex hat, Kokain nimmt, eine sehr teure Schokolade isst oder – natürlich – überhaupt nichts tut. Das ADHS-Gehirn wird von dieser Dopamin-Flut überschwemmt und kann nichts anderes tun, als sich darauf zu konzentrieren.

Für Menschen, die mit ADHS zu kämpfen haben, kann nahezu alles in ihrem Umfeld zu einer riesigen Dopamin-Explosion führen. Was noch beunruhigender ist: Selbst die eigenen Gedanken und Reize können bisweilen diese immensen Dopamin-Freisetzungen auslösen. In »normalen« Gehirnen wird das überschüssige Dopamin, das in den Synapsenspalten durch eine Belohnung freigesetzt worden ist, wieder aufgesogen, sodass das Gleichgewicht zwischen tonischem und phasischem Dopamin aufrechterhalten wird. Aber das tonische oder konstante Dopamin-Niveau bleibt hoch. Daher können Sie sich weiter konzentrieren und bleiben motiviert.

In einem ADHS-Gehirn wird zu viel Dopamin aufgesogen, sodass in den Synapsenspalten nur sehr wenig Dopamin verbleibt und zu viel Dopamin als Reaktion auf ein Ereignis freigesetzt wird. Deshalb reagieren Kinder mit ADHS hypersensibel auf die Reize ihrer Umwelt. Dieser Sachverhalt könnte viele Verhaltensweisen von Kindern mit ADHS erklären: Ablenkbarkeit, mangelnde Impulskontrolle, Konzentrationsschwäche und Unorganisiertheit. Sie sind fortwährend zwischen zwei Extremen eines Spektrums hin- und hergerissen: extremer Erregung und vollkommenem Desinteresse.

Amphetamin und Kokain blockieren die Wiederaufnahme

von Dopamin und sorgen dafür, dass mehr davon freigesetzt wird. Medikamente auf Amphetaminbasis, in kleinen Dosen verabreicht, beruhigen Menschen mit ADHS und ermöglichen es ihnen, sich zu konzentrieren. Dadurch, dass die übermäßige Wiederaufnahme des Dopamins blockiert wird, erhöhen diese Medikamente das tonische Dopamin-Niveau im Gehirn, während gleichzeitig die Intensität der phasischen Dopmanin-Explosionen reduziert wird.

Kokain ist angenehm, weil es nicht nur die Wiederaufnahme des Dopamins blockiert, sondern auch dazu führt, dass sogar noch größere Mengen Dopamin freigesetzt werden. Mit der Zeit hört das Gehirn von selbst auf, Dopamin zu synthetisieren und freizusetzen, weil es sich auf das Vorhandensein einer künstlichen Quelle einstellt.

Ohne Dopamin ist das Leben außerordentlich uninteressant und kaum lohnenswert. Bis dato wissen wir noch nicht, welche Langzeitfolgen die medikamentöse Behandlung von ADHS hat, besonders für ein junges, gesundes Gehirn. Es ist durchaus denkbar, dass es im Lauf der Zeit zu einer Art Anpassung kommt und weniger natürliches Dopamin gebildet wird, was später zu gesundheitlichen Problemen wie etwa Depressionen führen könnte.

Wir haben uns gefragt, ob bei Kindern mit ADHS externe Hintergrundgeräusche einen ähnlichen Effekt haben könnten wie Amphetamin. Dahinter steht die Überlegung, dass das tonische Dopamin in einem ADHS-Gehirn durch stärkeres Rauschen in der Umgebung bessere Gedächtnisleistungen erbringen könnte. Mit anderen Worten: Um sich konzentrieren zu können, bräuchten Kinder mit ADHS eine lautere Umgebung als Kinder ohne ADHS.

Wir haben Kindern mit ADHS eine Aufgabe gegeben, die das visuelle Gedächtnis anspricht. Die Aufgabe bestand darin, sich an die Position einer Reihe von Quadraten auf einem Raster zu erinnern, die man nur eine Sekunde lang gesehen hat. Im Allgemeinen konnten sich die Kinder nur an die Position von drei oder vier Quadraten erinnern. Waren sie hingegen Extrareizen in Form von Hintergrundgeräuschen ausgesetzt, erinnerten sie sich an fünf, sechs oder sogar sieben Positionen, was der üblichen Spanne im visuell-räumlichen Arbeitsgedächtnis von Schulkindern entspricht.

Während die ADHS-Kinder durch Hintergrundgeräusche stimuliert wurden, konnten wir mittels des EEG einen dramatischen Anstieg bei der Reaktionsstärke des Gehirns verzeichnen. Die erhöhte Reaktion könnte bedeuten, dass das ADHS-Gehirn Hintergrundgeräusche braucht, um die Nervenzellen dazu anzuregen, bei der Erfüllung alltäglicher Aufgaben etwas härter zu arbeiten. Wie das Amphetamin führen auch die Geräusche zu einem höheren Level an tonischem Dopamin, sodass Kinder sich stärker auf die Informationen konzentrieren können, die für eine Aufgabe relevant sind. Ich vermute, dass bei der zunehmenden ADHS-Häufigkeit auch die kulturelle und wirtschaftliche Komponente eine große Rolle spielt. Da unser Wirtschaftssystem immer mehr gesundheitsschädigende Anforderungen stellt, kommt ein Teil der Kinder, die in der Vergangenheit niemals in die ADHS-Ecke geschoben worden wären, nicht mehr damit zurecht.

Obwohl weltweit durchschnittlich fünf Prozent der Schulkindern von ADHS betroffen sind, sind es bei Gefängnisinsassen gut 40 Prozent. Kinder mit unbehandelter ADHS haben ein erhöhtes Risiko, im Erwachsenenalter drogensüchtig zu werden. Ähnlich greifen Menschen, die vielleicht durch eines der vielen Löcher unseres Erziehungs- und Gesundheitssystems gerutscht sind, zur Selbstbehandlung zu Substanzen in einer Dosierung, die mühelos von ihrem Gehirn Besitz ergreifen.

Interessanterweise ist bei Kindern mit ADHS auch das Default-Mode-Netzwerk nicht ganz intakt. Es sieht so aus, als sei einer der Knoten ihres Default-Mode-Netzwerkes, der Precuneus, nicht so gut in das Netzwerk eingebunden, wie er sollte. Im Ruhezustand scheint es im Default-Mode-Netzwerk von ADHS-Kindern zu schnelleren spontanen Schwingungen zu kommen als bei »normalen« Kindern. Kurz gesagt, diese Kinder sind tatsächlich auf einer anderen Wellenlänge. Kindern mit ADHS fällt es schwer, ihr Default-Mode-Netzwerk »auszuschalten«. Sie müssen arbeiten, um sich auszuruhen.

So wie das Rauschen dazu beiträgt, dass sich das Klima auf der Erde auf einer 1000-Jahre-Zeitskala ändert, hilft vielleicht auch der Mechanismus der Stochastischen Resonanz dem ADHS-Gehirn, zwischen dem TPN (Task Positive Network) und dem TNN (Task Negative Network) auf einer Zeitskala von 1 Sekunde hin- und herzuschalten. Wenn Sie eine MRT-Röhre haben, eine EEG-Ausrüstung, 20 oder 30 Kinder mit ADHS, ein paar Programmierer, einen freien Samstag, Engelsgeduld, Süßigkeiten für die Kinder und etwas Whiskey für die Erwachsenen, könnten Sie das Experiment eigentlich auch selbst durchführen. Sagen Sie mir nachher, wie es gelaufen ist.

»Daher scheint es an der Zeit, Lärm nicht mehr als Ärgernis, sondern als Tugend zu betrachten.«

Thomas Wellens, Lärmphysiker

Auch wenn Sie kein ADHS haben, werden Amphetamine Ihr Gedächtnis und die Konzentration verbessern, während Ihr Dopamin-Niveau ausgeglichen wird. Auch Studenten haben dies schon entdeckt und missbrauchen ADHS-Medikamente auf Amphetaminbasis, um ihre Marathon-Lernsitzungen durchzustehen.

Wir wissen, dass Menschen mit ADHS oft außergewöhnlich kreativ sind. Das liegt vermutlich daran, dass sich das, was diese Leute im Klassenzimmer, in der Vorstandsetage, am Arbeitsplatz oder in irgendeinem langweiligen Job als Schwäche erleben, in einem Musikstudio, einem Künstleratelier, einem wissenschaftlichen Labor oder in einem interessanten Gespräch als ihre Stärke entpuppt.

Um die schwindelnden Höhen unserer Gesellschaft zu erklimmen, muss man eine beinahe psychotische Konzentration an den Tag legen. Eine solche Konzentration geht zulasten der kognitiven Fähigkeit, neue Verbindungen zwischen bis dato zusammenhanglosen Konzepten zu knüpfen. Gedanken, die auf den ersten Blick bedeutungslos scheinen für das, worauf man sich gerade konzentriert, sind schwache Signale unseres Unterbewusstseins. Sie versuchen uns mitzuteilen: »Das, was du da gerade tust, ist öde!«

Was schlecht für das Zeitmanagement ist, ist gut für die Kunst. Sollten Sie aber einmal eine kreative Idee haben, müssen Sie in der Lage sein, Ihren Ideengenerator vorübergehend anzuhalten, um sich zu konzentrieren und Ihrer Idee Gestalt zu verleihen. Lärm könnte Ihnen dabei helfen, im optimalen kognitiven Bereich für Kreativität und Konzentration zu bleiben – ob mit oder ohne ADHS.

Die neuesten Forschungen von Ravi Mehta, Rui (Juliet) Zhu und Amar Cheema – veröffentlicht im *Journal of Consumer Research* unter dem Titel »Is Noise Always Bad? Exploring the Effects of Ambient Noise on Creative Cognition« – haben ergeben, dass mäßiges Hintergrundrauschen die Leistungen der Probanden beim Wort-Assoziations-Test (englisch: Remote Associates Test, RAT) verbesserte. Es handelt sich um einen gängigen Test, mit dem Psychologen die kreative Denkfähigkeit einschätzen.

Die Testaufgabe ist relativ einfach und ähnelt dem Gesellschaftsspiel »Tabu«, bei dem die Kandidaten ein Wort erraten müssen, das von den Mitspielern lediglich umschrieben wird. Beim Wort-Assoziations-Test bekommt man drei oder vier Reizwörter vorgegeben, die sich auf irgendeine Weise auf das

»geheime« Zielwort beziehen. So werden Ihnen beispielsweise die Wörter »Regal«, »lesen« oder »Ende« vorgegeben, wenn das Zielwort »Buch« lautet.

Die Forschungsergebnisse zeigen, dass bei mäßigem Weißem Hintergrundrauschen, das heißt von etwa 70 Dezibel, die Teilnehmer bei der Bearbeitung des Wort-Assoziations-Tests bedeutend schneller waren und mehr richtige Antworten gaben als bei einem geringeren oder höheren Rauschpegel. Mit anderen Worten: Mäßiges Rauschen verbessert die Kreativität, ein hoher Rauschpegel mindert sie (laut Ergebnissen des Wort-Assoziations-Tests).

Ich denke, diese Ergebnisse lassen sich perfekt mithilfe der Stochastischen Resonanz erklären. Es wurde bereits beschrieben, wie Gehirnregionen miteinander kommunizieren, indem sie ihre Schwingungen aufeinander abstimmen. Auf diese Weise werden vorübergehend Netzwerke gebildet, um bestimmte Funktionen auszuführen – etwa eine Situation wahrzunehmen, ein Lied anzuhören oder eine PowerPoint-Präsentation zu zeigen.

Durch diese Synchronisation können sich Informationen über das ganze Netzwerk ausbreiten. Addiert man die richtige Menge an zufälligen Schwingungen, fördert das die Synchronisation der Nervenzellen. Ist das Rauschen zu gering, reicht die Synchronisation nicht aus, um ein funktionelles Netzwerk zu bilden, wohingegen ein zu starkes Rauschen die Synchronisation zerstören kann. Genau wie bei dem Bild von Big Ben.

Das Rauschen bewirkt, dass sich der Output der nachgeschalteten Nervenzellen mit der Frequenz der vorgeschalteten Nervenzellen synchronisiert. Auf Netzwerkebene, wo Millionen von Nervenzellen beteiligt sind, stellt dieser durch das Rauschen eingeleitete Synchronisationsmechanismus einen annähernd konstanten Unterschied zwischen den Phasen dieser schwach verbundenen Oszillatoren (das heißt der Nervenzellen) her. Daher sind Sie in der Lage, zusammenhängend zu denken. Eine zu starke Synchronisation führt zu einem epileptischen Anfall. Ist die Synchronisation zu schwach, können Sie überhaupt nicht denken.

Lawrence Ward ist Neurowissenschaftler an der University of British Columbia und einer der Pioniere auf dem Forschungsgebiet »Stochastische Resonanz im menschlichen Gehirn«. 2010 veröffentlichte er zusammen mit seinen Kollegen eine bahnbrechende Studie namens »Stochastic Resonance Modulates Neural Synchronization Within and Between Cortical Sources«. In der Studie geht es darum, dass das Rauschen Einfluss darauf nimmt, wie Gruppen von Nervenzellen ihre Aktivität innerhalb einer Gehirnregion aufeinander abstimmen, und dass es ebenso Einfluss darauf hat, wie sich unterschiedliche Gehirnregionen synchronisieren.

Einige frühere Studien hatten bereits darauf hingedeutet, dass die Stochastische Resonanz höchstwahrscheinlich die Synchronisation menschlicher Nervenzellen verbessert. Doch in diesen Studien konnte die Synchronisation nur anhand der Aufzeichnungen der am Schädel angebrachten EEG-Elektroden nachgewiesen werden. Wir wissen deshalb nicht, wo genau im Gehirn die Effekte der Stochastischen Resonanz auftreten. Genauso wenig kennen wir das Ausmaß der Synchronisation *innerhalb* einer Gehirnregion

In einem wirklich clever gestalteten Experiment, das auf früheren Arbeiten zur sogenannten akustischen Aufmerksamkeit basierte, setzte Ward seine Probanden Klangströmen aus, die alle rund um die Hörschwelle lagen. Die Klänge im linken Ohr wurden »linke Standards« genannt, die Klänge im rechten Ohr »rechte Standards«. In unregelmäßigen Abständen wurden nun lautere Geräusche unter die Klänge gemischt, sogenannte »Abweichungen«, auf die die Probanden reagieren sollten, indem sie einen Knopf drückten, wann immer sie sie – ausschließlich im linken Ohr – hören würden. Diese Anweisungen bedeuteten, die Probanden würden nur den Klangströmen in ihrem linken Ohr Aufmerksamkeit schenken und die Klänge in ihrem rechten Ohr ignorieren. Zur selben Zeit ließ Ward Weißes Rauschen in unterschiedlicher Lautstärke auf das linke Ohr spielen.

Mithilfe von Quellenlokalisationsalgorithmen beim EEG fand Ward die Gehirnregionen, die durch diese Aufgabe aktiviert wurden und die bei den meisten seiner Probanden aktiviert waren. Zu diesen Gehirnregionen gehörten nicht nur das Hörzentrum, sondern auch nicht sensorische Gehirnregionen wie der posterior-cinguläre Cortex, der Teil des Default-Mode-Netzwerkes ist.

Am Ende konnte Ward den Grad der Synchronisation innerhalb und zwischen diesen Gehirnregionen in Abhängigkeit vom

Rauschpegel bestimmen, dem das linke Ohr der Probanden ausgesetzt war. Die Ergebnisse zeigten, dass die Stochastische Resonanz starke Auswirkungen auf die Synchronisation innerhalb und zwischen den einzelnen Gehirnregionen hat, die an der Verarbeitung von akustischen Signalen beteiligt sind. Mit anderen Worten: Der richtige Rauschpegel führte dazu, dass die Synchronisation zwischen diesen Gehirnregionen Höchstleistungen erbrachte: Das Gehirn reagierte mithilfe des zusätzlichen Rauschens besser auf den stetigen Klangstrom als ohne Rauschen.

Ich vermute, dass der neuronale Mechanismus, den Lawrence Ward in seinem Hörparadigma entdeckte, nur die Spitze des Eisbergs ist, nämlich in Bezug darauf, wie der richtige Rauschpegel in der Umgebung und im Gehirn unsere kognitiven Fähigkeiten fördern und uns kreativer machen kann. Seine Arbeit liefert eine sehr plausible biologische und physikalische Erklärung für die Ergebnisse ähnlicher Experimente, beispielsweise jene, die ich selbst durchgeführt habe.

Durch meine eigene Arbeit zur Stochastischen Resonanz und ADHS sowie durch frühere Forschungen zum Thema Rauschen und Kreativität wissen wir mittlerweile, dass einige Menschen mehr »Lärm« brauchen, um von der extern bedingten neuronalen Stochastischen Resonanz zu profitieren. Besonders Menschen, die in puncto Originalität, Kreativität oder Um-die-Ecke-Denken gute Testergebnisse erzielen, scheinen bei Aufgaben besser abzuschneiden, wenn sie dabei einem stärkeren Rauschpegel ausgesetzt sind.

Wahrscheinlich hängt es mit der Arbeitsweise des Dopamins in Schlüsselregionen des Gehirns wie dem präfrontalen Cortex zusammen. Außerdem könnte für einige Menschen zusätzliches Rauschen notwendig sein, um die funktionalen Zusammenhänge im Default-Mode-Netzwerk zu unterstützen. Erstaunlicherweise wurde die Stochastische Resonanz in den vergangenen 30 Jahren in keiner psychologischen Arbeit über Rauschen und Kreativität berücksichtigt. Dabei ist bemerkenswert, dass sich in beinahe jeder dieser Studien unbeabsichtigt psychologische oder Verhaltensnachweise der Stochastischen Resonanz finden lassen. Anders ausgedrückt, wenn wir uns noch einmal mit diesen Studien beschäftigen und ihre Ergebnisse modellieren, indem wir die Mathematik der Stochastischen Resonanz anwenden, ist ein durchgehendes Muster zu erkennen: Ein mäßiger Rauschpegel verbessert bei vielen Aufgaben die Leistung. Das Nichtstun könnte also ein Weg sein, den inneren Rauschpegel des Gehirns zu erhöhen und somit die sogenannte kohärente Resonanz im Default-Mode-Netzwerk zu ermöglichen.

Rauschen, das aus dem Inneren des Systems stammt, schafft mit ebendiesem Mechanismus der Stochastischen Resonanz Ordnung im Gehirn und verbessert die Gehirnfunktion. Auch hier kommt der Mechanismus der Stochastischen Resonanz zum Tragen. Es könnte sein, dass das innere Rauschen auf ein suboptimales Niveau absinkt, wenn wir fortwährend nur arbeiten und beschäftigt sind. Solange wir noch keine Möglichkeit haben, die Stochastische Resonanz in einem lebenden Gehirn direkt zu messen, könnten die von Ward genutzten Techniken auch auf das ruhende Gehirn und das Default-Mode-Netzwerk angewandt werden.

Lassen Sie uns zu Rilke und seinem Spaziergang bei den Festungsmauern am Meer und zu diesem windigen Tag in Norditalien zurückkehren. In den Jahren, die der Dichter mit geduldigem Nichtstun zugebracht hatte, hatte er die Aktivität seines Default-Mode-Netzwerkes von Zeit zu Zeit wahrnehmen können, und so war sein Bewusstsein nun bereit, die Botschaften zu empfangen. An jenem besonderen Morgen auf Schloss Duino hatte der kräftige Wind, der vom Meer herüberwehte, genau die richtige Rauschintensität, die Rilkes Gehirn brauchte, um ihm Inspiration für eines der bedeutendsten Werke seines Lebens zu schenken. Als besonders einfallsreicher und kreativer Mensch hätte Rilke vermutlich mehr externes Rauschen gebraucht, damit sein Gehirn schöpferisch von der Stochastischen Resonanz hätte profitieren können.

Rilkes Unterbewusstsein hatte dieses Gedicht für ihn vorbereitet. Das Gedicht selbst könnte als schwaches Signal betrachtet werden, das, wie wir zuvor gesehen haben, ohne Rauschen nicht aufzuspüren ist. Als Rilke an jenem Morgen durch den tosenden Wind lief, bewirkte womöglich derselbe Mechanismus, den Lawrence Ward entdeckte (die durch Rauschen verbesserte neuronale Synchronisation), dass sich entscheidende Teile in Rilkes Gehirn synchronisierten.

Dies könnte zur Bildung eines funktionellen Netzwerkes geführt haben, wodurch dieses großartige Gedicht vorübergehend in Rilkes Gehirn auftauchte. Durch das Rauschen des Windes hätte das schwache Signal des Gedichtes dann den Weg durch das Netzwerk bis zur Wahrnehmungsebene gefunden. So hätte die Signalstärke den kritischen Schwellenwert überschritten, sodass das Gedicht sich seinen Weg in Rilkes Bewusstsein bahnte. Rilke erschien es dann vielleicht so, als hätte ihm eine Stimme durch den Wind zugerufen:

> *»Wer, wenn ich schriee, hörte mich denn aus der Engel Ordnungen?«*

Lawrence Ward und andere Wissenschaftler decken die genauen Mechanismen auf, mit denen das Rauschen unserem Gehirn zu den erstaunlichsten kreativen Leistungen verhilft. Statt also weiter gegen das Rauschen bzw. den Lärm anzukämpfen oder ihn als etwas anzusehen, das uns von der Wahrheit ablenkt, werden wir vielleicht bald erkennen, dass unser Gehirn den »Lärm« sogar braucht, um die Wahrheit zu finden. Indem wir das Nichtstun begrüßen, begrüßen wir auch das Rauschen unseres eigenen Unterbewusstseins. Der Wind weht in unserem Innern, sodass wir Wahrheiten hören können in dem Wind, der uns überrascht, dem Wind, den wir suchen, um uns selbst zu hören.

8 | Six Sigma – ein epileptischer Anfall

»Ich muss Ihnen jetzt etwas sagen, und das ist wirklich gut gemeint und soll niemanden kränken: Ich glaube nicht an den Workflow. Wenn ich ein Bewerbungsgespräch mit einem potenziellen Mitarbeiter führe und er oder sie sagt: ›Das Wichtigste ist der Workflow‹, sehe ich darin vielmehr ein schlechtes Vorzeichen ... Das Problem dabei ist, dass in vielen großen Unternehmen der Workflow das Denken ersetzt. Die Mitarbeiter werden dazu ermutigt, sich wie ein kleines Rädchen in einer komplexen Maschine zu verhalten. Ehrlich gesagt bleiben einem dadurch Leute erhalten, die weder allzu schlau noch allzu kreativ sind.«

Elon Musk, Gründer von SpaceX und Tesla Motors

Wenn Sie in einem relativ großen Unternehmen angestellt sind, wurden Sie womöglich bereits dazu gezwungen, das Six-Sigma-Training oder zumindest einen seiner verwässerten Ableger über sich ergehen zu lassen. Ihr Dozent erinnerte Sie vielleicht, wie meiner es tat, an einen gerade konvertierten religiösen Fanatiker, der für seinen Glauben missionieren geht. Stellen Sie sich eine Kreuzung aus Scientologen und Zeugen Jehovas vor, geschmackvoll gekleidet in ein legeres Business-Outfit.

Die Anhänger von Six Sigma haben Judogürtel, die auf die Beherrschung der scheinbar unendlichen Levels der Six-Sigma-Welt verweisen. Man beginnt mit einem »Green Belt« und schließt mit einem »Black Belt« (»Grüngurt« bzw. »Schwarzgurt«) ab, wenn man ein wahrer Gläubiger ist und so richtig hart arbeitet. Es gibt auch einen »Meistergrad«, der für Normalsterbliche kaum erreichbar scheint.

Laut offizieller Beschreibung ist Six Sigma eine systematische Organisationsmethode zur strategischen Verbesserung von Arbeitsprozessen und zur Entwicklung neuer Produkte und Dienste, die auf statistischen und wissenschaftlichen Verfahren basiert, um kundenbezogen Fehlerquoten drastisch zu reduzieren. Versuchen Sie gar nicht erst zu verstehen, was damit gemeint ist: Es zeigt sich, dass nicht einmal die ultimativen Six-Sigma-Meister mit Schwarzgurt wissen, was es bedeutet. Six Sigma ist weder statistisch noch wissenschaftlich. Sie können das Six-Sigma-Training auch absolvieren, indem Sie einfach so tun, als wüssten Sie, was damit gemeint ist – also tun wir einfach mal so.

Eine Abhandlung zur Six-Sigma-Theorie von R.G. Schroeder, die 2008 im *Journal of Operations Management* erschien, liefert verschiedene Definitionen: Six Sigma ist ein »datengesteuerter Hochleistungsansatz, mit dem die Grundursachen von Geschäftsproblemen analysiert und gelöst werden«. Es ist außerdem ein »Geschäftsprozess, durch den Unternehmen ihren Reingewinn drastisch erhöhen können, indem sie jede geschäftliche Aktivität so gestalten und überwachen, dass möglichst wenig an Ressourcen verbraucht und vergeudet wird, während sich im gleichen Atemzug die Kundenzufriedenheit erhöht«. Six Sigma ist auch »ein disziplinierter und auf Statistiken beruhender Ansatz zur Qualitätssteigerung von Produkten und Arbeitsabläufen« sowie »eine Management-Strategie, die in puncto Organisation kulturelle Veränderungen erfordert«.

Nachdem ich einige Wochen lang am Six-Sigma-Training teilgenommen hatte, hatte ich im Grunde gelernt, meinen Namen auf ein Stück Karton zu schreiben, Flipcharts zu verwenden und anderen Gruppenmitgliedern Unterlagen weiterzureichen. All das, während der Dozent uns fragwürdige Informationen zu Statistiken lieferte. Ich lernte auch, dass Nachfragen zu den Statistiken zu langen Abschweifungen über seinen Hund in Arizona führten.

Woher kommt Six Sigma? Ist es ein geheimes Regierungsprogramm, das schiefgelaufen ist? Angeblich wurde Six Sigma in den frühen 1980er-Jahren bei Motorola entwickelt, um Fehler bei der Herstellung von Halbleiterchips zu untersuchen und in den Griff zu bekommen – und dort hätte es wohl auch bleiben sollen. Dummerweise entwischte es wie irgendein ansteckender, in einem CDC-Labor entwickelter Virus aus der Fertigungsanlage und ist mittlerweile eine entsetzliche Firmenseuche.

In den 1980er-Jahren wollte Motorola so schnell wie möglich perfekte Halbleiter herstellen und gleichzeitig Milliarden von Dollar sparen. Bei der Herstellung von Halbleiterchips will man selbstverständlich die Fehlerquote minimieren. Hat man also erst einmal den effizientesten Arbeitsablauf zur Chip-Herstellung herausgefunden, möchte man ihn normieren und automatisieren. Alles, was ein Teil einer Maschine oder ein Fabrikarbeiter im Verlauf der Herstellung ausführt, sollte immer auf dieselbe Weise geschehen. Mit anderen Worten, es sollte bei diesem Prozess zu keinerlei Schwankungen kommen. Aber was bedeutet Sigma? Und weshalb wird Sigma die Nummer sechs (engl. six) vorangestellt?

Sigma bzw. »σ« ist ein griechischer Buchstabe, mit dem man in der Statistik die Standardabweichung eines arithmetischen Mittels (das ist der Mittelwert) darstellt. Ohne allzu sehr ins Detail gehen zu wollen: Die Standardabweichung zeigt, wie viele einzelne Messungen im Durchschnitt von diesem Mittel abweichen.

Dies lässt sich ganz einfach anhand der Körpergröße von Menschen illustrieren. Ein Beispiel: Wenn wir die Körpergröße von 1000 männlichen Amerikanern messen, diese Messdaten alle zusammenzählen und sie durch die Anzahl der Messungen (in diesem Fall also 1000) teilen, liegt der Durchschnittswert vielleicht bei 1,78 Metern. Folglich ist ungefähr die Hälfte der Männer kleiner und die andere Hälfte größer als 1,78 Meter. Allerdings wissen wir nicht, ob der Durchschnittswert so ausgefallen ist, weil einige Männer drei Meter und andere nur 60 Zentimeter groß sind oder ob die meisten der gemessenen Personen ziemlich dicht an der Größe von 1,78 Metern liegen.

Die Standardabweichung sagt uns nun, bis zu welchem Grad die Menschen von diesem Durchschnittswert abweichen. Da sich die Bevölkerung hauptsächlich aus normalgroßen Menschen zusammensetzt, haben Größenmessungen eine geringe Standardabweichung, die etwa bei 7,62 Zentimetern liegt. Da die Körpergröße außerdem der sogenannten »Normalverteilung« – auch Gauß-Verteilung oder Glockenkurve – folgt, kann sie mit traditionellen Statistikmethoden untersucht werden.

Hierzu sei angemerkt, dass es einen unendlichen Bereich von Glockenkurven gibt – nicht bloß eine Verteilung, die man »die Glockenkurve« nennt. Aber indem man sowohl den Durchschnitt als auch die Standardabweichung bestimmt, kann man abschätzen, wie groß der größte und der kleinste Mensch wahrscheinlich sind.

In puncto Körpergröße würde ein Sigma bzw. eine Standardabweichung vom Mittel etwa 65 Prozent der Menschen betreffen. Da ein Sigma etwa 7,62 Zentimetern entspricht, würde es sich am unteren Ende auf Menschen mit einer Körpergröße von 1,70 Meter und am oberen Ende auf Menschen mit einer Körpergröße von 1,83 Metern beziehen. Eine Abweichung von zwei Sigma vom Mittel würde weniger Menschen betreffen, vielleicht nur zehn Prozent, während wir uns vom Mittelwert zu den großen und kleinen Enden des Spektrums bewegen: etwa 1,91 Meter und 1,63 Meter.

Je weiter weg man sich in einer Normalverteilung von den Standardabweichungen vom Mittel befindet, umso ungewöhnlicher ist man. Liegt man von der durchschnittlichen Körpergröße sechs Sigma (oder sechs Standardabweichungen) entfernt, ist man ein seltener Extremfall – 2,29 Meter – und spielt sozusagen in derselben Liga wie die chinesische Basketballgröße Yao Ming. Auf der ganzen Welt gibt es nur eine Handvoll Menschen, die so groß sind. Das Ziel von Six Sigma besteht darin, Fehler in Geschäftsprozessen so selten werden zu lassen wie Menschen wie Yao Ming.

Es lässt sich unschwer erkennen, wie diese Denkweise auf hochautomatisierte Prozesse wie die Herstellung von Mikrochips oder Autos angewendet werden kann. Man will das Produktionssystem so organisieren, dass fehlerhafte Autos nur noch mit einer Six-Sigma-Häufigkeit produziert werden. Im Grunde genommen: nie.

Dadurch, dass man jeden Schritt des Prozesses analysiert und herausfindet, wie man Aufwand und Ertrag misst, kann ein Durchschnittswert erstellt werden, genau wie beim Messen der Körpergröße. Dann wird eine Standardabweichung errechnet. Eine sehr große Standardabweichung bedeutet, dass es bei diesem Arbeitsablauf zu viele Schwankungen gibt und er so geändert werden muss, dass eine kleinere Standardabweichung erzielt wird. Mit anderen Worten, beim Arbeitsprozess sollte es möglichst wenige Schwankungen geben. Die zugrundeliegende Annahme lautet, dass Schwankungen zu Fehlern führen.

Aber statt die Six-Sigma-Methode nur als Möglichkeit zur Standardisierung der Produktion zu nutzen, begannen die Unternehmen, sie auf jeden einzelnen Geschäftsablauf anzuwenden und Menschen nicht mehr wie fühlende Wesen, sondern wie eine Reihe von Aufwänden und Erträgen zu behandeln. Das einzig wahre Ziel von Six Sigma besteht darin, Schwankungen

in Organisationsprozessen zu verringern, indem Krankheits-
überträger in den Unternehmen verbreitet werden. Diese Überträger sind Verbesserungsexperten, strukturierte Arbeitswei-
sen und Leistungsmessungen.

Das Ganze ähnelt dem, was das Grundleiden der Epilepsie
mit den Nervenzellen anstellt. Bei einem epileptischen Anfall werden die Schwankungen in den Nervenzellen reduziert.
Schwankungen im Gehirn zu reduzieren hat verheerende Folgen. Übertragen auf ein gesamtes Unternehmen, entspricht der
Six-Sigma-Prozess einem epileptischen Anfall ebendieses Unternehmens.

Natürlich wollen Sie Fehler vermeiden, wenn Sie Impfstoffe,
Aspirin, Autoteile, Flugzeugmotoren, MRT-Röhren oder irgendein anderes Massenprodukt herstellen, das für Menschen po-
tenziell tödlich ist. Für derartige hochautomatisierte Herstellungsprozesse eignet sich Six Sigma in der Tat. Es ist durchaus
sinnvoll, Roboter für die meisten Herstellungsprozesse einzusetzen. Bei sich wiederholenden, automatisierten Aufgaben, für
die sehr wenige Entscheidungen erforderlich sind, stechen Roboter den Menschen zweifellos aus.

Six Sigma will den Menschen so effizient wie möglich machen – berechenbar, verlässlich, praktisch fehlerlos und durch
autonome Gedanken nur minimal beeinträchtigt. Seit Jack
Welch Six Sigma bei General Electric anwendete, hat sich die
Methode im industriellen Sektor und darüber hinaus in vielen großen Firmen verbreitet. Zu den Unternehmen, die Six-
Sigma-Anfälle haben, gehören Fiat, Honeywell, Dow Chemi-

cal, Cameron, Sony, Johnson & Johnson, Bank of America und Whirlpool.

Das menschliche Gehirn spürt Dinge auf und wächst durch seine ganz eigenen Schwankungen. Mit jeder neuen Erfahrung, die wir machen, verändert sich unser Gehirn unwiderruflich. Diese Veränderungen sind noch tiefgreifender und dauerhafter, wenn wir uns zwischen den Erfahrungen immer wieder ausruhen. Durch unser Nichtstun kann sich im Gehirn das, was aufgenommen wurde, festigen und in unser Selbstbild integriert werden – unseren Erfahrungen wird folglich eine Bedeutung beigemessen. Dieser Prozess verläuft bei jeder Erfahrung anders und variiert von Person zu Person. Die Neurowissenschaft entdeckt gerade, dass ein entscheidender Teil dieses Prozesses darin besteht, dem Default-Mode-Netzwerk des Gehirns Zeit zur Aktivierung zu geben. Um den Prozess in Gang zu setzen, muss das Gehirn also ruhen.

Jedes Gehirn hat seinen eigenen Rhythmus. Sie können ihn beispielsweise dadurch ändern, indem Sie von Amerika nach Europa fliegen. Nach der Jetlagphase hat sich Ihr 24-Stunden-Rhythmus der neuen Zeitzone angepasst. Haben Sie den Jetlag einmal überwunden, werden Sie sogar denselben Tagesrhythmus wie in der alten Zeitzone haben. Wenn Sie in New York ein Morgenmensch waren, werden Sie auch in Paris ein Morgenmensch sein. Das liegt wahrscheinlich daran, dass Ihr Gehirn sein eigenes inneres Muster zusammenstellt, was wohl zum großen Teil vererbt ist.

Unser Gehirn reagiert auf jede Situation leicht unterschiedlich. Die Reaktion hängt von vielen Faktoren ab: Stimmung, Müdigkeitsgrad und Motivation. Auch unsere Aufmerksamkeit hat einen natürlichen Rhythmus, der sich im Lauf des Tages verändert. Wie wir gesehen haben, schwanken die Aktivitäten des Default-Mode-Netzwerkes und des TPN (Task Positive Network) gerne in Abhängigkeit voneinander. Wenn diese Gehirnrhythmen nicht natürlich schwanken dürfen, kann das ernsthafte Folgen für den Einzelnen haben. Erschöpfte Piloten sind einer der Hauptgründe für Flugzeugabstürze.

Die natürlichen, nichtlinearen, schwankenden und oft nicht vorhersehbaren Facetten des Menschen sind für Unternehmen beunruhigend. Firmenchefs sehnen sich nach Sicherheit und Berechenbarkeit. Seit etwa zehn Jahren muss die Six-Sigma-Methode scharfe Kritik einstecken. Einige große Unternehmen wie der Multitechnologiekonzern 3M stellten fest, dass eine gewissenhafte Umsetzung von Six Sigma zu einer Ausbremsung der Innovationen geführt hatte. Michael Tushman, Professor an der Harvard Business School, sagt: »Diese [...] Methodiken, die sich der Verringerung von Schwankungen verschrieben haben, verhalten sich umgekehrt proportional zu dem, was wir explorative Innovation [d. h. Erkundung von Neuem] nennen. Methodiken helfen der exploitativen Innovation [also dem Ausnutzen von Bestehendem].«

Innerhalb eines Jahrzehnts war der Prozentsatz der 3M-Produkte, die neu oder nicht älter als fünf Jahre alt waren, von einem Drittel auf ein Viertel gesunken. Anders ausgedrückt: Ohne die Six-Sigma-Methode waren 30 Prozent der 3M-Produkte neu, mit der Six-Sigma-Methode waren es nur noch 25 Prozent. Statt aber Six Sigma zum alten Eisen zu werfen, verzichtete das Unternehmen fortan auf diese Art der Auswertung.

Bei Motorola, wo die Six-Sigma-»Krankheit« zuerst ausbrach, hatte man sich bereits daran gewöhnt, auf dem Mobilfunkmarkt weit in Führung zu liegen. Nun ist die Vormachtstellung dahin. Der Mobilfunkmarkt gehört zu den sich am schnellsten verändernden und innovativsten Märkten. Will man seine Gegner bezwingen, tut man anscheinend gut daran, sie zur Anwendung der Six-Sigma-Taktiken zu bewegen.

Kapitalistische Konzerne sind zu einem seltsamen Balanceakt gezwungen, sie bewegen sich auf einer Skala zwischen zwei paradoxen Polen. Auf der einen Seite müssen sie für den unmittelbaren Gewinn der Aktionäre wirtschaften – deshalb Six Sigma. Auf der anderen Seite brauchen sie neue Ideen für innovative Produkte. Für den trügerischen »Wettbewerbsvorteil« sind beide dieser einander widersprechenden Elemente erforderlich.

Das einzige uns bekannte System im Universum, das innovativ sein kann, ist das menschliche Gehirn. Aber um kreativ zu sein, scheint das Gehirn Freiheit zu brauchen, lange Phasen des Nichtstuns, positive Gefühle, wenig Stress, Zufälligkeit, Lärm und Freunde, mit denen man im Garten sitzen und Tee trinken kann. Die Wahrheit ist: Wir können nicht beides haben. Bis wir herausgefunden haben, wie man Robotern einen »Kreativmodus« einbaut, werden Menschen in absehbarer Zukunft die einzige Quelle der Innovation bleiben. Aber die allermeisten Managementstrategien kommen eigentlich ohne menschliche

Gedanken aus. Genau wie viele Zeitmanagement-Strategien Sie dazu anhalten, Gedanken aus Ihrem Kopf zu verbannen und in einen physischen Organizer zu verschieben, möchte Six Sigma die menschlichen Schwankungen in Unternehmen minimieren.

Allein in den USA sterben jedes Jahr 50 000 Menschen an Epilepsie. Weltweit sind etwa 50 Millionen Menschen an Epilepsie erkrankt, und 30 Prozent dieser Menschen leiden unter schwer kontrollierbaren Anfällen, obwohl sie bereits die maximale Medikamentendosis nehmen. Für Epilepsie gibt es viele verschiedene Ursachen, aber das allgemeine Symptom ist irgendeine Art von epileptischer Anfallsaktivität. Epilepsie kann vererbt oder durch eine Erkrankung oder ein Schädel-Hirn-Trauma ausgelöst werden. Jede Gehirnerschütterung, die man als Teenager hatte, könnte einem wieder zu schaffen machen. Die Anfälle können sehr kurz und schwach sein, etwa in einer fast unmerklich veränderten Wahrnehmung bestehen.

Der Patient bemerkt vielleicht nicht einmal, dass er einen Anfall hat. Er ist womöglich nur einige Augenblicke »weggetreten« und dann wieder anwesend, ohne zu bemerken, was passiert ist. Schwerere Anfälle können zu lähmenden Krämpfen und im schlimmsten Fall zum Tod führen.

Ein epileptischer Anfall wird durch abnormes synchrones Feuern der Nervenzellen in einer oder mehreren Regionen des Gehirns ausgelöst. Erinnern Sie sich daran, dass Nervenzellen im Gehirn dadurch kommunizieren, dass sie ihre Aktivität synchronisieren, damit die Informationen zwischen den Nervenzellen und zwischen einzelnen Gehirnregionen hin und her fließen können. Allerdings ist die normale Synchronisation der Nervenzellen, die Ihnen ermöglicht, bei Bewusstsein zu sein und zu funktionieren, sehr fein und ist auf Gruppen von Nervenzellen angewiesen, die sich je nach Bedarf synchronisieren oder desynchronisieren. Ihre kognitiven Fähigkeiten im Alltag hängen von den Schwankungen der Nervenzellenaktivität ab.

Manchmal erfolgt die Synchronisation in einem Teil des Gehirns nur teilweise. Dieses komplexe Wechselspiel aus Nervenzellen, die gemeinsam feuern oder eben nicht, bildet die Grundlage dafür, wie Gehirnregionen miteinander kommunizieren. Der Prozess unterliegt starken Schwankungen, er ist nichtlinear, abhängig von den Rahmenbedingungen, rauschbehaftet und weist viele der Charakteristiken von Komplexität und Selbstorganisation auf, die auch in anderen komplexen Netzwerken zu finden sind.

Bei einem Anfall wird ein Teil des Gehirns »hypersynchron«. Hypersynchronisation bedeutet, dass es innerhalb einer Gruppe von Nervenzellen oder zwischen Gehirnregionen zu einer zu starken Synchronisierung kommt. Im EEG zeigt sich das in sogenannten iktalen Ausschlägen, die dadurch entstehen, dass alle Gehirnströme sich gemeinsam erheben und senken. Diese Ausschläge können zuerst mit hoher Frequenz und kleiner Amplitude auftreten, und dann zu Ausschlägen mit niedriger Frequenz und hoher Amplitude übergehen.

Es gibt folglich eine Gehirnregion, in der alle Nervenzellen zu feuern beginnen und nicht mehr damit aufhören. Diese Hypersynchronisation kann sich auf andere Gehirnregionen ausweiten und zu Bewusstlosigkeit oder Krampfanfällen führen. In schweren und hartnäckigen Fällen, wenn beispielsweise nicht einmal Medikamente die Anfälle beenden können, entfernen Neurochirurgen eventuell den Teil des Gehirns, in dem die Hypersynchronisation anhält.

Unmittelbar vor einem Anfall spüren Epileptiker oftmals eine Art »Aura«. Diese kann verschiedene Formen annehmen – von visuellen Halluzinationen bis zu Momenten reiner Klarsicht. Dostojewski hatte Epilepsie und beschrieb die Augenblicke, die einem Anfall vorausgingen, als Momente voller Freude und Harmonie: »Für einige Augenblicke«, sagte er, »empfand ich ein solches Glück, wie es in gewöhnlichem Zustand nicht möglich ist und von dem andere keine Vorstellung haben können. Ich fühle in mir und in der Welt eine vollständige Harmonie, und dieses Gefühl ist so stark und süß, dass man für einige Sekunden dieser Seligkeit zehn Jahre seines Lebens, ja, meinetwegen das ganze Leben hingeben könnte.«

Eine derartige Erfahrung ist bei Epileptikern nicht ungewöhnlich und führte in den letzten Jahrzehnten dazu, dass Wissenschaftler versuchten, Anfälle dieser Patienten anhand von EEG-Aufzeichnungen vorherzusagen. Bislang bleiben die Ergebnisse hinter den Erwartungen zurück. Dies liegt vermutlich daran, dass die Iktal- oder Anfallsaktivität auf sehr stark schwankende und nichtlineare Weise mit der normalen elektrischen Gehirnaktivität interagiert, die ebenfalls rauschbehaftet, schwankend und nichtlinear ist.

Eine starre Management-Strategie gleicht einem epileptischen Anfall. Eines der Hauptziele der Produktivitätsstrategien besteht darin, die Menge der Schwankungen in einem Unternehmensprozess zu verringern. Wenn die Schwankungen der Nervenzellen zu stark unterdrückt werden und sich diese verringerte Schwankung durch Hypersynchronisation verbreitet, kommt es zu einem Anfall, der sich schnell auf das gesamte Unternehmen ausweiten und einen weltweiten Krampf auslösen kann. Das Gehirn ist zu nichts mehr in der Lage. Ein Unternehmen, das einen Anfall erleidet, ist nicht mehr kreativ oder anpassungsfähig und auch kein menschenwürdiger Arbeitsplatz mehr.

Die Einstellung neuer Mitarbeiter beispielsweise ist in jedem Unternehmen ein wichtiger Prozess. Eine Person, die die Six-Sigma-Methode anwendet, würde diesen Prozess genauestens überprüfen – und eine sogenannte *Process Map* dazu anlegen. Dann würde sie sich auf die Suche nach den überflüssigen Elementen des Prozesses machen. Um herauszubekommen, welches die »wertgenerierenden« und die »nicht wertgenerierenden« Bestandteile des Einstellungsprozesses sind, bräuchte man Dinge wie »Value Stream Mapping« und »Process Flow Tools«.

Unser Six-Sigma-Anwender fände vermutlich heraus, dass jede Führungskraft, die für die Einstellung von Mitarbeitern zuständig ist, ihre eigene Art von Bewerbungsverfahren pflegt.

Dies wären Schwankungen und Six Sigma zufolge etwas sehr Schlechtes. Schwankungen führen zu einer Menge »nicht wertgenerierender« Aktivitäten wie etwa zu langen, tiefgehenden Gesprächen mit potenziellen neuen Mitarbeitern. Unser Six-Sigma-Anwender würde daraufhin einen möglichst »schlanken« Arbeitsablauf festlegen, der nichts Überflüssiges mehr enthält.

Dafür könnte er zum Beispiel eine Liste mit Standard-Bewerberfragen erstellen, mit denen sich jede Führungskraft vertraut machen und die sie anwenden sollte. Führungskräfte würden so keinerlei persönliches »Rauschen« mehr in den Prozess einbringen. Jeder Arbeitsablauf, der nicht beschrieben, analysiert, kontrolliert oder verbessert werden kann, würde gestrichen werden. Als Nächstes würde der Six-Sigma-Anwender ein Verfahren für die Einstellung neuer Mitarbeiter entwickeln, das jeder Mitarbeiter des Unternehmens auf genau dieselbe Weise anwendet. Mit anderen Worten, er würde den Einstellungsprozess so gestalten, dass er auch von einem automatisierten System durchgeführt werden könnte.

Der Anwender wird das Verfahren später mit denselben Six-Sigma-Instrumenten, mit denen es entwickelt wurde, auch auswerten und bestimmen, ob es funktioniert: Das wäre so, als ob man ein Lineal mit einem anderen Lineal vermessen wollte. Es lässt sich nicht mit unabhängigen Mitteln überprüfen, was Six Sigma bewirkt. Weshalb also bestehen Unternehmen weiterhin darauf, diese Methode anzuwenden?

Schwankungen zu reduzieren ist für viele natürliche Systeme schädlich. Die ökologischen Folgen des derzeit drastischen Rückgangs der weltweiten Artenvielfalt sind verheerend, und vermutlich erleben wir gerade ein Massensterben. Für jeden Einzelnen von uns sind Schwankungen der Herzfrequenz entscheidend für die Gesundheit. Dies hängt eng mit den natürlichen Schwankungen unseres Gehirns zusammen. Die Herzfrequenzvariabilität (HFV) ist die Schwankung des zeitlichen Abstands zweier aufeinanderfolgender Herzschläge. Sie spiegelt die Fähigkeit des Herzens wider, sich schnell an neue Gegebenheiten anpassen zu können, indem unvorhersehbare Reize erfasst werden. Für Menschen mit niedriger HFV besteht ein erhöhtes Risiko für einen Schlaganfall oder einen plötzlichen Tod durch Herzstillstand. Insofern hängen die natürlichen Schwankungen der Herzfrequenz sehr eng mit Ihrer Herzgesundheit zusammen. Allgemein gilt: Je nichtlinearer Ihr Herz ist, umso besser arbeitet das vegetative Nervensystem.

Zweck der Wissenschaft ist es, die Realität zu verstehen, indem man Theorien durch Experimente zu widerlegen sucht. Die beschriebenen Management-Moden machen sich Konzepte und Methoden zunutze, die ursprünglich im Rahmen der Wissenschaft entwickelt wurden, aber da man sie nicht zu wissenschaftlichen Zwecken einsetzt, werden diese quälenden Methoden missverstanden und falsch angewendet. Die Wissenschaft verfolgt kein Ziel. Sie ist ein kreativer Akt, der denselben Zweck verfolgt wie die Kunst: die Befreiung des menschlichen Geistes.

9 | Arbeit zerstört den Planeten

»Die ultimative Maßeinheit für den Erfolg der Spezies Mensch ist ihre Fähigkeit, die weltweite Gesamtproduktion von Gütern und Dienstleistungen um mindestens 5 Prozent pro Jahr zu steigern. Das Problem dabei ist, dass es immer offensichtlicher wird, dass wir vermutlich alles zerstören werden, wenn wir auf diese Weise weitermachen.«

David Graeber

»Das Überleben des Menschen oder anderer Spezies auf dem Planeten Erde kann meiner Meinung nach nur durch den rechtzeitigen Übergang in einen Ruhezustand garantiert werden, eine Weltwirtschaft ohne Wachstum.«

Peter Custers

In der Psychologie kennt man dieses bekannte Phänomen unter dem Begriff »semantische Sättigung«. Sagen Sie sich zum Beispiel das Wort »Büffel« immer und immer wieder laut vor, bis Sie unsicher sind, was das Wort bedeutet. Da Sie vorübergehend vergessen, was »Büffel« bedeutet, bekommen Sie vielleicht ein wenig Angst und werden sich fragen: »Habe ich einen Schlaganfall?«

Dieselbe semantische Sättigung tritt bei dem Wort »Wirtschaftswachstum« ein. Greifen Sie irgendwann wahllos nach einer beliebigen Tageszeitung: Der Begriff »Wirtschaftswachstum« wird immer wieder darin auftauchen. Wirtschaftswachstum soll eigentlich bedeuten, dass wir jedes Jahr die weltweite Menge an Waren und Dienstleistungen erhöhen.

Wirtschaftswissenschaftler machen sich verschiedene Berechnungssysteme zunutze, um das Wachstum von Waren und Dienstleistungen zu bestimmen – am gängigsten ist natürlich das Bruttoinlandsprodukt (BIP), das angibt, wie viele Güter, also Waren und Dienstleistungen, in einer bestimmten Volkswirtschaft hergestellt werden. Das Bruttoweltprodukt gibt dasselbe für alle Volkswirtschaften zusammengenommen an. [3]

Ohne Wirtschaftswachstum, so wird uns gesagt, wären Milliarden von extrem armen Menschen niemals in der Lage, ihrer Armut zu entkommen, ja sie würden sogar noch ärmer werden. Dies wird uns erzählt, obwohl die Zahl der Armen auf der Welt den meisten Schätzungen zufolge ansteigt. Um sie aus der Armut zu holen und eine globale Klimakatastrophe abzuwen-

---

3 Als Wissenschaftler interessiert es mich, Dinge zu messen. Ich habe beinahe 15 Jahre lang Messwerte studiert. Zugegeben, normalerweise messe ich so etwas wie Gehirnströme. Ich bin auch kein Ökonom, und wenn ich versuche, Berechnungen wie das BIP zu verstehen (wenn auch nicht übereifrig, da es langweilig ist), wird mir auch ziemlich schnell klar, weshalb. Ich begreife weder, was da tatsächlich gemessen, noch, wie es gemessen wird. Beispielsweise hören wir häufig davon, dass es in China ein außergewöhnlich großes Wirtschaftswachstum gibt. China konnte die Produktion von Waren und Dienstleistungen um 10 Prozent pro Jahr erhöhen. Laut diesen Berechnungen gibt es in China also jedes Jahr 10 Prozent mehr Waren und Dienstleistungen als im Jahr zuvor. Zählen dazu auch Dinge wie Hamburger, Massagen, Hochzeiten oder Drogendealer? China ist auch ein sehr gutes Beispiel für das Thema dieses Kapitels: Unkontrolliertes Wirtschaftswachstum führt zu einer Umweltkatastrophe – und das schon in absehbarer Zeit.

den, müsste unsere Wirtschaft eigentlich schrumpfen. Aber wie können wir das erreichen?

Die meisten Arbeitsplätze, die Politiker gebetsmühlenartig versprechen, sind grauenvoll. Für Menschen ohne Schulbildung sind die zahllosen Stellen, die jede Partei behauptet schaffen zu können, erniedrigende und eintönige Jobs im Dienstleistungssektor (etwa in den Amazon-Auslieferungszentren), die nicht genug einbringen, um Miete, Gesundheitsvorsorge, Essen, Kinderbetreuungsplätze, Telefonrechnungen oder ein Auto zu bezahlen. Für Menschen mit höherer Schulbildung gibt es geistlose Firmenjobs, bei denen die einzig erforderliche Fähigkeit darin besteht, den idiotischen Businessjargon so zu beherrschen, dass es aussieht, als täte man etwas Bedeutungsvolles.

Bei den alten Griechen galt jeder als Sklave, der sich seinen Lebensunterhalt verdienen musste. In unserer heutigen Gesellschaft muss fast jeder für seinen Lebensunterhalt arbeiten, weil wir alle irgendjemandem Geld schulden oder bald wieder eine Rechnung ansteht.

Vom Wirtschaftswachstum profitieren unverhältnismäßig die Menschen, die nicht arbeiten müssen, das heißt diejenigen, von denen wir vordergründig unsere Studiendarlehen bekommen, unsere Hypotheken, unser Autoleasingangebot und unsere Kreditkarten. Zu dieser Gruppe gehören Unternehmen, Politiker, die den Interessen dieser Unternehmen dienen, und natürlich die Menschen, die in der internationalen Finanzwelt tätig sind.

Nehmen wir die Finanzkrise von 2008. Weshalb konnten die Banken ein solch umfassendes Elend verursachen? Sie haben

Geld aus der Luft gegriffen, es an unglückselige Kreditkunden verliehen, und dann, als die Leute aufhörten, das nicht vorhandene Geld zurückzuzahlen, die Regierung dazu gezwungen, ihnen das Geld zu geben, das von Anfang an erdichtet war. Die Banken haben die Schulden in mikroskopisch kleine Stückchen gehackt, einige der Stückchen wahllos wieder zusammengefügt, all diese Schulden untereinander gehandelt und so ein gigantisches undurchdringbares Netz aus Derivaten und Credit Default Swaps geschaffen. Weshalb hat niemand die Krise kommen sehen? Weil die Menschen nicht mehr an einen Misserfolg glaubten. Je weniger wir ein Scheitern für möglich halten, umso wahrscheinlicher tritt genau das ein. Dies entspricht dem ersten Prognose-»Gesetz« des Physikers und Science-Fiction-Autors Arthur C. Clarke: »Wenn ein angesehener, aber bereits etwas älterer Wissenschaftler sagt, dass etwas möglich ist, hat er mit an Sicherheit grenzender Wahrscheinlichkeit recht. Wenn er sagt, dass etwas unmöglich ist, liegt er höchstwahrscheinlich falsch.«

Ich möchte einen radikalen Vorschlag machen: Da sich unser Sozialsystem darauf gründet, dass die Mehrheit der Menschen an die grundsätzliche Notwendigkeit von Arbeit glaubt, wäre ein starker Anstieg des Müßiggangs, der Fehlzeiten, der Faulheit und des Nicht-fleißig-Seins der effektivste Weg für positive soziale und politische Veränderungen.

Ein kollektives »Wir möchten lieber nicht ...« (in Anlehnung an Herman Melvilles Figur Bartleby der Schreiber) würde den Bankern und Firmenchefs mehr Angst einjagen als irgendeine organisierte politische Bewegung. Natürlich müssen sich die

Leute anständige Wohnungen, Essen und die Gesundheitsvorsorge für sich und ihre Familien leisten können. Dennoch existieren die allermeisten Jobs weltweit nur aus dem einfachen Grund, eine bestimmte Gruppe von Menschen noch reicher zu machen – und ihnen noch mehr Privilegien zu verschaffen.

Die meisten Menschen haben nicht die Möglichkeit, die Art und Intensität ihrer Beschäftigung bewusst zu wählen, und sind sie erst einmal angestellt, sagt ihnen die Zeitmanagement-Industrie obendrein noch, dass es richtige und falsche Wege gibt, ihre Fähigkeiten einzusetzen. Dann erzählt man ihnen, sie sollten froh sein, überhaupt einen Job zu haben.

»Glatte Formen sind in der Natur äußerst selten anzutreffen, aber im Elfenbeinturm und in der Fabrik von äußerster Wichtigkeit.«

Benoît Mandelbrot

Kürzlich verfasste der *New-York-Times*-Kolumnist Ross Douthat einen Aufsatz mit dem Titel »Eine Welt ohne Arbeit«. Darin schreibt er: »Stellen Sie sich, wie es die Utopisten des 19. Jahrhunderts oft getan haben, eine Gesellschaft vor, die so reich ist, dass immer weniger Menschen arbeiten müssen – eine Gesellschaft, in der Freizeit allgemein zur Verfügung steht, in der Teilzeitjobs die reglementierte Arbeitswoche ersetzen und in der der Lebensstandard immer weiter ansteigt, obwohl immer weniger Menschen zur arbeitenden Bevölkerung gehören. Wäre solch eine Utopie möglich, dürfte man erwarten, dass sie zuallererst in der oberen Gesellschaftsschicht verwirklicht und erst allmählich die soziale Leiter hinabklettern würde.«

Erstens nimmt Douthat an, dass eine solche Utopie nicht realisierbar ist. Es ist ein Paradebeispiel für das, was Graeme Webb, ein Student der Simon Fraser University, den Kollaps der sozialen Vorstellungskraft nannte. In einer kürzlich erschienenen Abhandlung darüber, wie die Occupy-Bewegung den Radikalismus wieder in den Mainstream einführte, schreibt Webb, dass die Diskussionen über Individualismus, Marktfundamentalismus und Konsumdenken unsere Kultur mittlerweile so beherrschen, dass wir uns eine andere Gesellschaftsorganisation schlicht nicht vorstellen können. In unserem individuellen und verzweifelten Kampf um unser eigenes materielles Wohlergehen spüren wir, »dass unsere heutige Gesellschaft die einzig mögliche Gesellschaft ist. Wir haben unsere Fantasie verloren«. Webb legt dar, dass wir Utopien bereitwillig aufgegeben haben und utopisches Denken schlechtgemacht und abgelehnt wird.

Zweitens vermutet Douthat, dass die Segnungen des Müßiggangs zuallererst den Reichen zugutekämen. Vermutlich weil die Reichen die Einzigen sind, die in dieser Hinsicht tatsächlich eine Wahl haben. In ihrer Großherzigkeit, so Douthat, würden die Reichen weniger arbeiten und das Geschenk des Nichtstuns dann »die soziale Leiter« hinuntertragen. Douthats Trickledown-Theorie des Nichtstuns (abwertend auch als »Pferdeäpfel-Theorie« bezeichnet) ist überhaupt nicht ironisch gemeint. Er vermutet, dass die Reichen uns die Erlaubnis geben müssten, weniger zu arbeiten. Es ist aufschlussreich, was Douthat vorauszusetzen scheint: Wenn nur die Reichen die Möglichkeit hätten, nicht arbeiten zu müssen (und die haben sie), würden sie sich gegen die Arbeit entscheiden. Tatsächlich ist es aber so, schreibt er, dass Reiche mehr arbeiten als die Armen. Nina Easton, eine glühende Verfechterin der Wohlhabenden bei *Fortune,* fragte im Jahr 2012: »Was wäre, wenn ich Ihnen nun sagte, dass es eine Gruppe knallharter Workaholics gibt, die [...] in ihre Jobs ein Niveau an Talent und Fähigkeiten einbringen, das in der globalen Wirtschaft nach einer hervorragenden Bezahlung verlangt?« Falls Utopien möglich wären, würden diese »knallharten Workaholics« Douthat zufolge immer weniger arbeiten und schließlich ihren Lakaien – uns – erlauben, ebenfalls weniger zu arbeiten. Weil, Sie wissen schon, reiche Menschen ja so großzügig sind.

Die Utopisten des 19. Jahrhunderts, auf die Douthat sich bezieht – Marx, Rousseau und Fourier –, dachten eigentlich, dass die gerade erwachte revolutionäre Arbeiterklasse die Utopie einleiten und die Gesellschaft so organisieren würde, dass Arbeit nützlich und ein Quell der Freude wäre und dem Lebensunterhalt aller diente.

Douthat beschreibt den Umstand, dass arme Menschen (in den USA, Anm.d.Ü.) aus dem Arbeitsmarkt ausscheiden und danach ohne festen Job überleben müssen. Wie die Anthropologin Sarah Kendzior dargelegt hat, besteht das Problem darin, dass »die ökonomische Krise eine Krise gezielter Erwartungen ist. Amerikaner werden darauf getrimmt, ihre eigene

Ausbeutung als etwas Normales anzusehen. Seit ihrem College-abschluss von Schuldgefühlen geplagt, wetteifern sie um das Privileg, ohne Bezahlung zu arbeiten.«

Wenn es etwas Schlimmeres gibt, als gegen Bezahlung zu arbeiten, dann ist das, ohne Bezahlung zu arbeiten. Der Trick besteht darin, eine Post-Arbeitsgesellschaft zu erschaffen, eine, die die menschliche Tatkraft wirklich freisetzt. Auch wenn der Weg dorthin nicht sofort offensichtlich ist: Ich glaube, dass die Antworten in Milliarden müßiger Köpfe stecken und die Schlauesten unter uns erst noch erkennen müssen, dass das, was sie wirklich brauchen, eine Pause ist. Eine Chance, sich auszuruhen. Die einmalige Gelegenheit, überhaupt gar nichts zu tun.

Danksagung

»Die Gelehrten schämen sich des otium. Es ist aber ein edel Ding um Muße und Müßiggehen. Wenn Müßiggang wirklich der Anfang aller Laster ist, so befindet er sich also wenigstens in der nächsten Nähe aller Tugenden; der müßige Mensch ist immer noch ein besserer Mensch als der tätige. Ihr meint doch nicht, dass ich mit Muße und Müßiggehen auf euch ziele, ihr Faultiere?«

Friedrich Nietzsche

Dieses Buch wäre ohne meine wunderbare Frau Sonja Schmer-Galunder nicht zustande gekommen. Sie ist meine intellektuelle Sparring-Partnerin und eine großartige Ideenquelle. Zum Glück wurden viele der eher irrwitzigen Gedanken, die ich für dieses Buch hatte, durch ihre frappierende Logik und tiefe Einsicht wieder zunichtegemacht. Sie hat mir auch großherzig erlaubt, nachts und an den Wochenenden an diesem Buch zu arbeiten, während wir zwei kleine Jungs zu Hause hatten, die noch in den Windeln steckten. Sie ist ebenso ein Teil dieses Buches wie ich.

Auch meiner Mutter Caryl Briscoe bin ich zu Dank verpflichtet. Im ganzen Universum findet sich keine selbstlosere Person. Meine Mutter hat mir immer einen starken (vielleicht wahnhaften) Glauben an mich selbst mitgegeben, und dafür bin ich ihr sehr dankbar. Falls dieses Buch gewagt ist, liegt dies zu einem nicht unerheblichen Teil daran, dass sie mir dabei half zu glauben, dass ich mutig sein kann. Dieses Buch ist auch ihr gewidmet. Ich habe miterlebt, wie sie pflichtbewusst ihrer Arbeit in einer Firma nachging, in der viele der Management-Techniken angewandt wurden, die ich in diesem Buch angreife. Meine Mutter ist in ihrem Job den sinnlosen und willkürlichen Anordnungen der MBA-Mafia zur kontinuierlichen Leistungssteigerung gefolgt, und es hat mich wütend gemacht. Ich betrachte dieses Buch zum Teil auch als die Rache meiner Mutter dafür, dass sie die geistlosen Unternehmensdrohnen jahrelang erduldet hat.

Mein Dank geht auch an meine drei wundervollen Kinder Marie, Niklas und Jonas. Ihr seid die größte Quelle der Inspiration und Motivation für mich.

Dank auch an meine Schwester Sarah Smart, weil sie immer da ist.

Ich möchte meinem Stiefvater und Anwalt Frank Briscoe danken, dass er aus mir einen Fahrradfahrer gemacht hat, mich ermutigt hat, Risiken einzugehen, und mich mein Leben lang als starker Fels in der Brandung unterstützt hat. Und dafür, dass er mich machen ließ, als ich in der achten Klasse Kierkegaard lesen wollte.

Ich möchte meinem Vater und Workaholic John Smart und meiner Stiefmutter Holly Smart für ihre bedingungslose Liebe und Unterstützung danken, dafür, dass sie in mir eine unstillbare Wanderlust und die Faszination für gigantische Maschinen geweckt haben.

Ich will meinem Drehbuchpartner und allerbesten Freund Arya Senboutaraj danken, dafür, dass er mich so wunderbar inspirierte, für mein Porträt und für die fortwährende Ermutigung weiterzumachen. Wir werden es schaffen.

In philosophischer, politischer, emotionaler und praktischer Hinsicht schulde ich Anthony Troy Fiscella großen Dank. Ohne ihn bestünde das Buch aus kaum mehr als ein paar lose verknüpften Gedanken. Es könnten zwar immer noch ein paar lose verknüpfte Gedanken dabei sein, aber dank Troys Ehrlichkeit und kritischem Geist fußen diese Gedanken auf Hunderten von Forschungsarbeiten. Ich danke meinen Laborkollegen Trent Reusser und Stephen Whitlow dafür, dass sie unser Arbeitsklima erträglich machen – ja, wir sogar eine Menge Spaß haben – und mir gezeigt haben, wie man programmiert.

Ich möchte Leyla Kader Dahm danken, dass sie einen ahnungslosen Autor unterstützt und angeleitet hat. Dank schulde ich auch Sarah Douglas, Kulturredakteurin beim New Yorker *Observer,* die mich in der Highschool mit Rilke vertraut gemacht hat und mit der ich seit unserem zwölften Lebensjahr befreundet bin.

Mein Weg zur Wissenschaft des Nichtstuns war lang und verlief um tausend Ecken, und ich möchte den Forschern danken, die mich im Lauf der Jahre persönlich beeinflusst haben: Jonathan Friedman, David Graeber, Steven Sampson, Sverker Sikström, Petter Kallioinen, Kristoffer Åberg, Jonas Olofsson, Scott Makeig, Rey Ramirez, Liina Pylkkänen, Hakwan Lau, Stanislas Dehaene und Santosh Mathan.

Mein größter Dank dafür, dass dieses Buch realisiert werden konnte, geht schließlich an John Oakes von OR Books. John ließ mir auf meine anfängliche E-Mail hin, in der ich die Idee für dieses Buch zusammenfasste, folgende Antwort zukommen: »Wow.« Während des gesamten Schreibprozesses war er äußerst ermutigend und ein unerschöpflicher Quell der Inspiration. Ich fühle mich sehr geehrt und bin stolz darauf, mit einem so großartigen Verleger in Verbindung gebracht zu werden.

Quellenverzeichnis

Allen, David, *Wie ich die Dinge geregelt kriege. Selbstmanagement für den Alltag.* 18. Aufl. 2014. München: Piper, 2007.

Altamura, Mario, Brita Elvevåg, Gaetano Campi, Michela De Salvia, Daniele Marasco, Alessandro Ricci und Antonello Bellomo, »Toward Scale-free Like Behavior Under Increasing Cognitive Load«, *Complexity* 18, Nr. 1 (2012): 38–43. doi:10.1002/cplx.21407.

Altenmüller, Eckart, Mario Wiesendanger und Jurg Kesselring, *Music, Motor Control, and the Brain.* Oxford University Press, 2006. http://www.oxfordscholarship.com/view/10.1093/acprof:oso/9780199298723.001.0001/acprof-9780199298723.

Anticevic, Alan, Michael W. Cole, John D. Murray, Philip R. Corlett, Xiao-Jing Wang und John H. Krystal, »The Role of Default Network Deactivation in Cognition and Disease«, *Trends in Cognitive Sciences* 16, Nr. 12 (Dezember 2012): 584–592. doi:10.1016/j.tics.2012.10.008.

Arden, Rosalind, Robert S. Chavez, Rachael Grazioplene und Rex E. Jung, »Neuroimaging Creativity: A Psychometric View«, *Behavioural Brain Research* 214, Nr. 2 (25. Dezember 2010): 143–156. doi:10.1016/j.bbr.2010.05.015.

»Are Ants Vulnerable to Climate Change?«, *East Tennessean.* Abgerufen am 1. November 2012. http://www.easttennessean.com/news/are-ants-vulnerable-to-climate-change-1.2860631#.UJLXiIa9zWc.

Barton, C. Michael, Isaac I.T. Ullah, Sean M. Bergin, Helena Mitasova und Hessam Sarjoughian, »Looking for the Future in the Past: Long-term Change in Socioecological Systems«, *Ecological Modelling* 241 (24. August 2012): 42–53. doi:10.1016/j.ecolmodel.2012.02.010.

Benner, Mary J., und Michael L. Tushman, »Exploitation, Exploration, and Process Management: The Productivity Dilemma Revisited«, *The Academy of Management Review* 28, Nr. 2 (1. April 2003): 238–256. doi:10.2307/ 30040711.

Benzi, Roberto, »Stochastic Resonance: From Climate to Biology«, *arXiv:nlin/0702008* (5. Februar 2007). http://arxiv.org/abs/nlin/0702008.

Binnewijzend, Maja A.A., Menno M. Schoonheim, Ernesto Sanz-Arigita, Alle Meije Wink, Wiesje M. van der Flier, Nelleke Tolboom, Sofie M. Adriaanse et al., »Resting-state fMRI Changes in Alzheimer's Disease and Mild Cognitive Impairment«, *Neurobiology of Aging* 33, Nr. 9 (September 2012): 2018–2028. doi:10.1016/j.neurobiolaging.2011.07.003.

Blanchard, Kenneth H., und Spencer Johnson, *Der Minuten Manager.* 15. Aufl. 2013 Reinbek: rororo, 1983.

Bohm, David, *On Creativity.* 2. Aufl. Routledge, 2004.

Bronson, Po, und Ashley Merryman, »THE CREATIVITY CRISIS. (Cover Story)«, *Newsweek* 156, Nr. 3 (19. Juli 2010): 44–49.

Brown, P. und P. Warner-Smith, »The Taylorisation of Family Time: An Effective Strategy in the Struggle to ›Manage‹ Work and Life?«, *Annals of Leisure Research* 8, Nr. 2/3 (2005): 75–90.

Buckner, Randy L., und Justin L. Vincent, »Unrest at Rest: Default Activity and Spontaneous Network Correlations«, *NeuroImage* 37, Nr. 4 (1. Oktober 2007): 1091–1096. doi:10.1016/j.neuroimage.2007.01.010.

Bullmore, Ed, und Olaf Sporns, »Complex Brain Networks: Graph Theoretical Analysis of Structural and Functional Systems«, *Nature Reviews Neuroscience* 10, Nr. 3 (1. März 2009): 186.

Burke, Ronald, und Lisa Fiksenbaum, »Work Motivations, Work Outcomes, and Health: Passion Versus Addiction«, *Journal of Business Ethics* 84, Nr. 2 (2009): 257–263.

Buzsaki, Gyorgy, *Rhythms of the Brain.* Oxford University Press, USA, 2011.

Cagliuso Sr., Nicholas V., »The Risks of Terrorism«, *Journal of Homeland Security and Emergency Management* 2, Nr. 2 (14. Juni 2005): 1–5. doi:10.2202/ 1547-7355.1129.

Cairney, Paul, »Complexity Theory in Political Science and Public Policy«, *Political Studies Review* 10, Nr. 3 (2012): 346–358. doi:10.1111/j.1478-9302. 2012.00270.x.

Carhart-Harris, R. L., und K. J. Friston, »The Default-mode, Ego-functions and Free-energy: a Neurobiological Account of Freudian Ideas«, *Brain* 133, Nr. 4 (1. April 2010): 1265–1283. doi:10.1093/ brain/awq010.

Charlton, Bruce G., »The Busy Shall Inherit the Earth: The Evolution from ›Hard Work‹ to ›Busyness‹ in Modern Science and Society«, *Medical Hypotheses* 67, Nr. 5 (2006): 1003–1005. doi:10.1016/j. mehy.2006.04.001.

Colonnese, Matthew, und Rustem Khazipov, »Spontaneous Activity in Developing Sensory Circuits: Implications for Resting State fMRI«, *NeuroImage* 62, Nr. 4 (1. Oktober 2012): 2212–2221. doi:10.1016/j. neuroimage.2012.02.046.

»Complexity at Large«, *Complexity* 17, Nr. 6 (2012): 1–4. doi:10.1002/ cplx.21404.

Custers, Peter, »The Tasks of Keynesianism Today: Green New Deals as Transition Towards a Zero Growth Economy?«, *New Political Science* 32, Nr. 2 (Juni 2010): 173–191.

D'Argembeau, Arnaud, Fabienne Collette, Martial Van der Linden, Steven Laureys, Guy Del Fiore, Christian Degueldre, André Luxen und Eric Salmon, »Self-referential Reflective Activity and Its Relationship with Rest: a PET Study«, *NeuroImage* 25, Nr. 2 (1. April 2005): 616–624. doi:10.1016/j.neuroimage.2004.11.048.

Das, Pritha, Vince Calhoun und Gin S. Malhi, »Mentalizing in Male

Schizophrenia Patients Is Compromised by Virtue of Dysfunctional Connectivity Between Task-positive and Task-negative Networks«, *Schizophrenia Research* 140, Nr. 1–3 (September 2012): 51–58. doi:10.1016/j. schres.2012.06.023.

Deco, Gustavo, Edmund T. Rolls und Ranulfo Romo, »Stochastic Dynamics as a Principle of Brain Function«, *Progress in Neurobiology* 88, Nr. 1 (Mai 2009): 1–16. doi:10.1016/j.pneurobio.2009.01.006.

Dehaene, Stanislas, *Reading in the Brain: The Science and Evolution of a Human Invention.* Viking Adult, 2009.

Dennett, Daniel C., *Freedom Evolves.* Reprint. Penguin Books, 2004.

Di Simplicio, M, R. Norbury und C. J. Harmer, »Short-term Antidepressant Administration Reduces Negative Self-referential Processing in the Medial Prefrontal Cortex in Subjects at Risk for Depression«, *Molecular Psychiatry* 17, Nr. 5 (1. März 2011): 503–510. doi:10.1038/mp.2011.16.

Douthat, Ross, »A World Without Work«, *The New York Times,* 23. Februar 2013, sec. Opinion / Sunday Review. http://www.nytimes.com/2013/02/24/opinion/sunday/douthat-a-world-without-work.html.

Doyle, Maddie, und Adrian Furnham, »The Distracting Effects of Music on the Cognitive Test Performance of Creative and Non-creative Individuals«, *Thinking Skills and Creativity* 7, Nr. 1 (April 2012): 1–7. doi:10.1016/j. tsc.2011.09.002.

»The Dramatic Rise of Anxiety and Depression in Children and Adolescents: Is It Connected to the Decline in Play and Rise in Schooling?«, Zugriff am 16. Oktober 2012. http://www.psychologytoday.com/blog/freedom-learn/201001/the-dramatic-rise-of-anxiety-and-depression-in-children-and-adolescents-is-it.

Durr, Volker, »[ohne Titel]«, *The German Quarterly* 78, Nr. 1 (1. Dezember 2005): 114–115.

Eastwood, John D., Alexandra Frischen, Mark J. Fenske und Daniel Smilek, »The Unengaged Mind Defining Boredom in Terms of Attention«, *Perspectives on Psychological Science* 7, Nr. 5 (1. September 2012): 482–495. doi:10.1177/1745691612456044.

»Elon Musk's Mission to Mars | Wired Science | Wired.com«, *Wired Science*. Zugriff am 16. November 2012. http://www.wired.com/wiredscience/ 2012/10/ff-elon-musk-qa/.

Farnsworth, Keith D., Olga Lyashevska und Tak Fung, »Functional Complexity: The Source of Value in Biodiversity«, *Ecological Complexity* 11 (September 2012): 46–52. doi:10.1016/j.ecocom.2012.02.001.

Fleck, J. I., und J. Kounios, »Intuition, Creativity, and Unconscious Aspects of Problem Solving«, *Encyclopedia of Consciousness*, 431–446. Oxford: Academic Press, 2009. http://www.sciencedirect.com/science/article/pii/ B9780123738738000426.

Foster, Brett L., Mohammad Dastjerdi und Josef Parvizi, »Neural Populations in Human Posteromedial Cortex Display Opposing Responses During Memory and Numerical Processing«, *Proceedings of the National Academy of Sciences* 109, Nr. 38 (18. September 2012): 15514–15519. doi:10.1073/ pnas.1206580109.

Frank, Bernhard, »Rilke's the Panther«, *The Explicator* 61, Nr. 1 (2002): 31–33. doi:10.1080/00144940209597744.

Friston, Karl, »The History of the Future of the Bayesian Brain«, *NeuroImage* 62, Nr. 2 (15. August 2012): 1230–1233. doi:10.1016/j.neuroimage.2011.10.004.

Friston, Karl, Michael Breakspear und Gustavo Deco, »Perception and Self-organized Instability«, *Frontiers in Computational Neuroscience* 6 (2012). doi:10.3389/fncom.2012.00044.

Gaffrey, Michael S., Joan L. Luby, Kelly Botteron, Grega Repovš und Deanna M. Barch, »Default Mode Network Connectivity in Children with a History of Preschool Onset Depression«, *Journal of Child*

Psychology and Psychiatry 53, Nr. 9 (2012): 964–972. doi:10.1111/j.1469-7610.2012.02552.x.

Giorgio Zuffo, Riccardo, »Taylor Is Dead, Hurray Taylor! The ›Human Factor‹ in Scientific Management: Between Ethics, Scientific Psychology, and Common Sense«, *Journal of Business & Management* 17, Nr. 1 (April 2011): 23–41.

Glackin, Cornelius, Liam Maguire, Liam McDaid und John Wade, »Synchrony: A Spiking-Based Mechanism for Processing Sensory Stimuli«, *Neural Networks* 32 (August 2012): 26–34. doi:10.1016/j.neunet.2012.02.020.

Gordon, Evan M., Melanie Stollstorff, Joseph M. Devaney, Stephanie Bean und Chandan J. Vaidya, »Effect of Dopamine Transporter Genotype on Intrinsic Functional Connectivity Depends on Cognitive State«, *Cerebral Cortex* 22, Nr. 9 (1. September 2012): 2182–2196. doi:10.1093/cercor/bhr305.

Grabow, Carsten, Stefan Grosskinsky und Marc Timme, »Small-World Network Spectra in Mean-Field Theory«, *Physical Review Letters* 108, Nr. 21 (21. Mai 2012): 218701. doi:10.1103/PhysRevLett.108.218701.

Graeber, David, *Schulden: Die ersten 5000 Jahre.* Klett-Cotta, Stuttgart 2012.

Grauwin, Sebastian, Guillaume Beslon, Éric Fleury, Sara Franceschelli, Celine Robardet, Jean-Baptiste Rouquier und Pablo Jensen, »Complex Systems Science: Dreams of Universality, Interdisciplinarity Reality«, *Journal of the American Society for Information Science and Technology* 63, Nr. 7 (2012): 1327–1338. doi:10.1002/asi.22644.

Guérin, Daniel, Hrsg., *No Gods No Masters: An Anthology of Anarchism.* AK Press, 2005.

Gusnard, Debra A., Erbil Akbudak, Gordon L. Shulman und Marcus E. Raichle, »Medial Prefrontal Cortex and Self-referential Mental Activity: Relation to a Default Mode of Brain Function«, *Procee-*

dings of the National Academy of Sciences 98, Nr. 7 (27. März 2001): 4259–4264. doi:10.1073/ pnas.071043098.

Hamilton, J. Paul, Michael C. Chen und Ian H. Gotlib, »Neural Systems Approaches to Understanding Major Depressive Disorder: An Intrinsic Functional Organization Perspective«, *Neurobiology of Disease* (Februar 2012). doi:10.1016/j.nbd.2012.01.015.

Hamilton, Tyler, und Daniel Coyle, *The Secret Race: Inside the Hidden World of the Tour De France: Doping, Cover-ups, and Winning at All Costs.* Bantam, 2012.

Harrison, Lawrence E., und Samuel P. Huntington, *Culture Matters: How Values Shape Human Progress.* Basic Books, 2001.

Hodgkinson, Tom, *How to Be Idle: A Loafer's Manifesto.* 1. Aufl. Harper Perennial, 2007. Deutsch: *Anleitung zum Müßiggang.* Berlin, Insel-Verlag 2014.

Hölldobler, Bert, und Edward O. Wilson, *The Superorganism: The Beauty, Elegance, and Strangeness of Insect Societies.* W. W. Norton & Company, 2008. Deutsch: *Der Superorganismus: Der Erfolg von Ameisen, Bienen, Wespen und Termiten,* Springer Verlag Berlin/Heidelberg, 2013

Homer, *Die Odyssee.* Reinbek: Rowohlt, 2005.

Hsee, Christopher K., Adelle X. Yang und Liangyan Wang, »Idleness Aversion and the Need for Justifiable Busyness«, *Psychological Science* 21, Nr. 7 (Juli 2010): 926–930. doi:10.1177/0956797610374738.

Immordino-Yang, Mary Helen, Joanna A. Christodoulou und Vanessa Singh, »Rest Is Not Idleness: Implications of the Brain's Default Mode for Human Development and Education«, *Perspectives on Psychological Science* 7, Nr. 4 (1. Juli 2012): 352–364. doi:10.1177/1745691612447308.

»The Importance of Scheduling Downtime«, *Stepcase Lifehack.* Zugriff am 20. August 2012. http://www.lifehack.org/articles/productivity/the-importance-of-scheduling-downtime.html.

Isaeva, V. V., »Self-organization in Biological Systems«, *Biology Bulletin* 39, Nr. 2 (27. März 2012): 110–118. doi:10.1134/S1062359012020069.

Jager B., »Rilkes ›Archaic Torso of Apollo‹«, *Journal of Phenomenological Psychology* 34, Nr. 1 (2003): 79–98. doi:10.1163/156916203322484833.

Jakob, Michael, Gunnar Luderer, Jan Steckel, Massimo Tavoni und Stephanie Monjon, »Time to Act Now? Assessing the Costs of Delaying Climate Measures and Benefits of Early Action«, *Climatic Change* 114, Nr. 1 (2012): 79–99. doi:10.1007/s10584-011-0128-3.

Johnson, Samuel, und Walter Jackson Bate, *The Yale Edition of the Works of Samuel Johnson. 2: The Idler and The Adventurer.* New Haven: Yale U.P., 1963.

Jullien, Francois, *Über die Wirksamkeit.* Merve Verlag Berlin, 1999.

Jung, Peter, und Fabio Marchesoni, »Energetics of Stochastic Resonance«, *Chaos* 21, Nr. 4 (Dezember 2011): 047516.

Jung, Tzyy-Ping, Scott Makeig, Martin J. McKeown, Anthony J. Bell, Te-Won Lee und Terrence J. Sejnowski, »Imaging Brain Dynamics Using Independent Component Analysis«, *Proceedings of the IEEE. Institute of Electrical and Electronics Engineers* 89, Nr. 7 (1. Juli 2001): 1107–1122. doi:10.1109/5.939827.

Keller, Klaus, Benjamin M. Bolker und David F. Bradford, »Uncertain Climate Thresholds and Optimal Economic Growth«, *Journal of Environmental Economics and Management* 48, Nr. 1 (Juli 2004): 723–741. doi:10.1016/j.jeem.2003.10.003.

Killgore, William D. S., Zachary J. Schwab und Melissa R. Weiner, »Self-reported Nocturnal Sleep Duration Is Associated with Next-day Resting State Functional Connectivity«, *Neuro-Report* 23, Nr. 13 (September 2012): 741–745. doi:10.1097/WNR.0b013e3283565056.

Kim, Dong-Youl, und Jong-Hwan Lee, »Are Posterior Default-mode Networks More Robust than Anterior Default-mode Networks? Evidence from Resting-state fMRI Data Analysis«,

Neuroscience Letters 498, Nr. 1 (1. Juli 2011): 57–62. doi:10.1016/j. neulet.2011.04.062.

Klingberg, Torkel, *The Overflowing Brain: Information Overload and the Limits of Working Memory.* Oxford University Press, 2008.

Kosko, Bart, *Noise.* Viking Adult, 2006.

Kounios, John, und Mark Beeman, »The Aha! Moment The Cognitive Neuroscience of Insight«, *Current Directions in Psychological Science* 18, Nr. 4 (1. August 2009): 210–216. doi:10.1111/j.1467-8721.2009.01638.x.

Kramer, Mark A., und Sydney S. Cash, »Epilepsy as a Disorder of Cortical Network Organization«, *The Neuroscientist* 18, Nr. 4 (1. August 2012): 360–372. doi:10.1177/1073858411422754.

Kwapień, Jarosław, und Stanisław Drożdż, »Physical Approach to Complex Systems«, *Physics Reports* 515, Nr. 3/4 (Juni 2012): 115–226. doi:10.1016/ j.physrep.2012.01.007.

Lang, Les, »Obesity Threatens U.S. Life Expectancy«, *Gastroenterology* 128, Nr. 5 (Mai 2005): 1156. doi:10.1053/j.gastro.2005.04.004.

Lesjak, Carolyn, »Utopia, Use, and the Everyday: Oscar Wilde and a New Economy of Pleasure«, *ELH* 67, Nr. 1 (1. April 2000): 179–204.

Liang, Zhifeng, Jean King und Nanyin Zhang, »Anticorrelated Resting-state Functional Connectivity in Awake Rat Brain«, *NeuroImage* 59, Nr. 2 (16. Januar 2012): 1190–1199. doi:10.1016/j.neuroimage.2011.08.009.

Luu, Phan, und Michael I. Posner, »Anterior Cingulate Cortex Regulation of Sympathetic Activity«, *Brain* 126, Nr. 10 (1. Oktober 2003): 2119–2120. doi:10.1093/brain/awg257.

Maleyeff, John, Edward A. Arnheiter und Venkat Venkateswaran, »The Continuing Evolution of Lean Six Sigma«, *The TQM Journal* 24, Nr. 6 (28. September 2012): 542–555. doi:10.1108/17542731211270106.

Marchetti, Igor, Ernst H. W. Koster, Edmund J. Sonuga-Barke und Rudi

Raedt, »The Default Mode Network and Recurrent Depression: A Neurobiological Model of Cognitive Risk Factors«, *Neuropsychology Review* 22, Nr. 3 (9. Mai 2012): 229–251. doi:10.1007/s11065-012-9199-9.

McDonnell, Mark Damian, Nigel G. Stocks, Charles Edward Miller Pearce und Derek Abbott, »Stochastic Resonance: from Suprathreshold Stochastic Resonance to Stochastic Signal Quantization«. Cambridge University Press, 2008.

Mehta, Ravi, Zhu und Amar Cheema, »Is Noise Always Bad? Exploring the Effects of Ambient Noise on Creative Cognition«, *Journal of Consumer Research* 39, Nr. 4 (1. Dezember, 2012): 784–799. doi:10.1086/665048.

Mikutta, Christian, Andreas Altorfer, Werner Strik und Thomas König, »Emotions, Arousal, and Frontal Alpha Rhythm Asymmetry During Beethoven's 5th Symphony«, *Brain Topography* 25, Nr. 4 (2012): 423–430. doi:10.1007/s10548-012-0227-0.

Minkel, Jared D., Siobhan Banks, Oo Htaik, Marisa C. Moreta, Christopher W. Jones, Eleanor L. McGlinchey, Norah S. Simpson und David F. Dinges, »Sleep Deprivation and Stressors: Evidence for Elevated Negative Affect in Response to Mild Stressors When Sleep Deprived«, *Emotion* (2012). doi:10.1037/a0026871.

Mörtl, Alexander, Tamara Lorenz, Björn N. S. Vlaskamp, Azwirman Gusrialdi, Anna Schubö und Sandra Hirche, »Modeling Inter-human Movement Coordination: Synchronization Governs Joint Task Dynamics«, *Biological Cybernetics* 106, Nr. 4/5 (31. Mai 2012): 241–259. doi:10.1007/ s00422-012-0492-8.

Nath, Biman, und Bikram Phookun, »Dark Matter«, *Resonance* 10, Nr. 12 (1. Dezember 2005): 76–82. doi:10.1007/BF02835131.

Nesbit, Molly, »Last Words (Rilke, Wittgenstein) (Duchamp)«, *Art History* 21, Nr. 4 (1998): 546–564. doi:10.1111/1467-8365.00129.

Ngai, Pun, und Jenny Chan, »Global Capital, the State, and Chinese

Workers: The Foxconn Experience«, *Modern China* 38, Nr. 4 (1. Juli 2012): 383–410. doi:10.1177/0097700412447164.

Nietzsche, Friedrich, *Menschliches, Allzumenschliches.* I und II. 6. Aufl. 2012. München: dtv, Neuausgabe 1999.

Nisbet, J. F., »Philosophical and Scientific Genius«, in: *The Insanity of Genius and the General Inequality of Human Faculty Physiologically Considered* (6. Aufl.), 216–253. New York, NY: Charles Scribner's Sons, 1912.

Pagel, J. F., »The Synchronous Electrophysiology of Conscious States«, *Dreaming* 22, Nr. 3 (2012): 173–191. doi:10.1037/a0029659.

Palva, J. Matias, und Satu Palva, »Infra-slow Fluctuations in Electrophysiological Recordings, Blood-oxygenation-level-dependent Signals, and Psychophysical Time Series«, *NeuroImage* 62, Nr. 4 (1. Oktober 2012): 2201–2211. doi:10.1016/j.neuroimage.2012.02.060.

Paton, Steve, »Introducing Taylor to the Knowledge Economy«, *Employee Relations* 35, Nr. 1 (9. November 2012): 20–38. doi:10.1108/01425451311279393.

Pfeifer, Rolf, Max Lungarella und Fumiya Iida, »Self-Organization, Embodiment, and Biologically Inspired Robotics«, *Science* 318, Nr. 5853 (16. November 2007): 1088–1093. doi:10.1126/science.1145803.

»Position brief_AIRCRAFT_NOISE_2009.pdf«, Zugriff am 8. Dezember 2012. http://www.aci.aero/aci/aci/file/Position%20Briefs/position%20brief_ AIRCRAFT_NOISE_2009.pdf.

Pozen, Robert C., *Extreme Productivity: Boost Your Results, Reduce Your Hours.* HarperBusiness, 2012.

Prater, Donald, *A Ringing Glass,* Oxford University Press, 1994. http://www.oxfordscholarship.com.ludwig.lub.lu.se/view/10.1093/acprof:oso/ 9780198158912.001.0001/acprof-9780198158912.

Raichle, Marcus E., »A Paradigm Shift in Functional Brain Imaging«, *The Journal of Neuroscience* 29, Nr. 41 (14. Oktober 2009): 12729–12734. doi:10.1523/JNEUROSCI.4366-09.2009.

derselbe: »Intrinsic Activity and Consciousness«, in: *Characterizing Consciousness: From Cognition to the Clinic?*, hrsg. von Stanislas Dehaene und Yves Christen, 147–160. Research and Perspectives in Neurosciences. Springer Berlin Heidelberg, 2011. http://www. springerlink.com.ludwig.lub.lu.se/ content/v312t865273632r5/ abstract/.

derselbe: »The Brain's Dark Energy«, *Science* 314, Nr. 5803 (24. November 2006): 1249–1250.

derselbe: »The Restless Brain«, *Brain Connectivity* 1, Nr. 1 (Januar 2011): 3–12. doi:10.1089/brain.2011.0019.

Riley, Michael A., und M. T. Turvey, »The Self-Organizing Dynamics of Intentions and Actions«, *The American Journal of Psychology* 114, Nr. 1 (1. April 2001): 160–169. doi:10.2307/1423388.

Rilke, Rainer Maria, *Lyrik und Prosa.* Nachdruck 2014. Berlin: Artemis & Winkler, 1999.

derselbe: *Briefe an einen jungen Dichter.* 52. Aufl. 2012. Frankfurt a. M. und Leipzig: Insel, 1929.

Rilke, Rainer Maria, Brief an Tora Holmström, 24. August 1904 *in:* Rainer Maria Rilke: *Briefe aus den Jahren 1902 bis 1906,* Leipzig: Insel 1929, S. 216 f. (Zitat in der Einleitung)

Roberts, Alasdair, »Why the Occupy Movement Failed«, *Public Administration Review* 72, Nr. 5 (2012): 754–762. doi:10.1111/j.1540-6210.2012.02614.x.

Robinson, Andrew, und Simon Tormey, »Beyond the State: Anthropology and ›Actually-existing-anarchism‹«, *Critique of Anthropology* 32, Nr. 2 (1. Juni 2012): 143–157. doi:10.1177/0308275X12438779.

Rosales, Jon, »Crecimiento Económico, Cambio Climático, Pérdida De Biodiversidad: Justicia Distributiva Para El Norte y El Sur«, *Conservation Biology* 22, Nr. 6 (2008): 1409–1417. doi:10.1111/j.1523-1739.2008.01091.x.

Russell, Bertrand, *In Praise of Idleness: And Other Essays.* 2. Aufl. Routledge, 2004. Deutsch: *Lob des Müßiggangs,* dtv 2002 (vergriffen).

Russell, David F., Lon A. Wilkens und Frank Moss, »Use of Behavioural Stochastic Resonance by Paddle Fish for Feeding«, *Nature* 402, Nr. 6759 (18. November 1999): 291–294. doi:10.1038/46279.

Sanjuán, Miguel A.F., »Stochastic Resonance. From Suprathreshold Stochastic Resonance to Stochastic Signal Quantization, by M.D. McDonnell, N.G. Stocks, C.E.M. Pearce and D. Abbott«, *Contemporary Physics* 51, Nr. 5 (2010): 448–449. doi:10.1080/00107510903318814.

Sasai, Shuntaro, Fumitaka Homae, Hama Watanabe, Akihiro T. Sasaki, Hiroki C. Tanabe, Norihiro Sadato und Gentaro Taga, »A NIRS–fMRI Study of Resting State Network«, *NeuroImage* 63, Nr. 1 (15. Oktober 2012): 179–193. doi:10.1016/j.neuroimage.2012.06.011.

Sayama, Hiroki, »Morphologies of Self-organizing Swarms in 3D Swarm Chemistry«, in: *Proceedings of the Fourteenth International Conference on Genetic and Evolutionary Computation Conference,* 577–584. GECCO '12. New York, NY, USA: ACM, 2012. doi:10.1145/2330163.2330245.

Schermer, Victor L., »Group-as-a-Whole and Complexity Theories: Areas of Convergence. Part I: Background and Literature Review«, *Group Analysis* 45, Nr. 3 (1. September 2012): 275–288. doi:10.1177/0533316412453701.

Schlee, Winfried, Vera Leirer, Stephan Kolassa, Franka Thurm, Thomas Elbert und Iris-Tatjana Kolassa, »Development of Large-scale Functional Networks over the Lifespan«, *Neurobiology of Aging* 33, Nr. 10 (Oktober 2012): 2411–2421. doi:10.1016/j.neurobiolaging.2011.11.031.

Schroeder, Roger G., Kevin Linderman, Charles Liedtke und Adrian S. Choo, »Six Sigma: Definition and Underlying Theory«, *Journal of*

Operations Management 26, Nr. 4 (Juli 2008): 536–554. doi:10.1016/j.jom.2007.06.007.

Scott, James C., *Seeing Like a State: How Certain Schemes to Improve the Human Condition Have Failed.* Neuauflage. Yale University Press, 1999.

Scoville, James G., »The Taylorization of Vladimir Ilich Lenin«, *Industrial Relations* 40, Nr. 4 (Oktober 2001): 620.

Sequeira, Sonia, »Randomness and Creativity«, *Trends in Neurosciences* 24, Nr. 12 (1. Dezember 2001): 694. doi:10.1016/S0166-2236(00)02081-6.

Serge, Victor, *Erinnerungen eines Revolutionärs: Autobiographie.* Edition Nautilus, 1991.

Shelhamer, Mark, *Nonlinear Dynamics in Physiology: A State-space Approach.* World Scientific Publishing Company, 2006.

Sikström, Sverker, und Göran Söderlund, »Stimulus-dependent Dopamine Release in Attention-deficit/hyperactivity Disorder«, *Psychological Review* 114, Nr. 4 (2007): 1047–1075. doi:10.1037/0033-295X.114.4.1047.

Silver, Nate, *Die Berechnung der Zukunft. Warum die meisten Prognosen falsch sind und manche trotzdem zutreffen.* 2. Aufl. München: Heyne, 2013.

Simonotto, Enrico, et al., »Visual Perception of Stochastic Resonance«, *Physical Review Letters* 78, Nr. 6 (1997): 1186–1189.

Smith, Adam, *Wohlstand der Nationen.* Köln: Anaconda, 2009.

Smith, Daniel Sandford, »Newton's Apple«, *Physics Education* 32, Nr. 2 (März 1997): 129–131. doi:10.1088/0031-9120/32/2/024.

Söderlund, Göran, Sverker Sikström und Andrew Smart, »Listen to the Noise: Noise Is Beneficial for Cognitive Performance in ADHD«, *Journal of Child Psychology & Psychiatry* 48, Nr. 8 (August 2007): 840–847.

»Statistics for Psychology 5th Edition by Aron | 0136010571 |

9780136010579 | Chegg.com«, Zugriff am 31. Dezember 2012. http://www.chegg.com/textbooks/ statistics-for-psychology-5th-edition-9780136010579-0136010571.

Steger, Michael F., Bryan J. Dik und Ryan D. Duffy, »Measuring Meaningful Work the Work and Meaning Inventory (WAMI)«, *Journal of Career Assessment* 20, Nr. 3 (1. August 2012): 322–337. doi:10.1177/1069072711436160.

Stella, Federico, Erika Cerasti, Bailu Si, Karel Jezek und Alessandro Treves, »Self-organization of Multiple Spatial and Context Memories in the Hippocampus«, *Neuroscience & Biobehavioral Reviews* 36, Nr. 7 (August 2012): 1609–1625. doi:10.1016/j.neubiorev.2011.12.002.

»Super-active Students Are Over-scheduled | Harvard Magazine Mar-Apr 2010«, Zugriff am 4. Dezember 2012. http://harvardmagazine.com/2010/03/ nonstop.

Sylvester, C. M., M. Corbetta, M. E. Raichle, T. L. Rodebaugh, B. L. Schlaggar, Y. I. Sheline, C. F. Zorumski und E. J. Lenze, »Functional Network Dysfunction in Anxiety and Anxiety Disorders«, *Trends in Neurosciences* 35, Nr. 9 (September 2012): 527–535. doi:10.1016/j.tins.2012.04.012.

Frederick Taylor, *Die Grundsätze wissenschaftlicher Betriebsführung.* VDM Verlag Dr. Müller, 2004.

Thompson, Edmund R., und Florence T. T. Phua, »A Brief Index of Affective Job Satisfaction«, *Group & Organization Management* 37, Nr. 3 (1. Juni 2012): 275–307. doi:10.1177/1059601111434201.

Timimi, Sami, »Rethinking Childhood Depression«, *BMJ: British Medical Journal* 329, Nr. 7479 (11. Dezember 2004): 1394–1396.

Toplyn, Glenn Allen, »The Differential Effect of Noise on Creative Task Performance«, Ph.D., St. John's University (New York), 1987. http://search.proquest.com.ludwig.lub.lu.se/docview/303608665.

Uddin, Lucina Q., A.M. Clare Kelly, Bharat B. Biswal, Daniel S. Margulies, Zarrar Shehzad, David Shaw, Manely Ghaffari et al., »Network Homogeneity Reveals Decreased Integrity of Default-mode Network in ADHD«, *Journal of Neuroscience Methods* 169, Nr. 1 (30. März 2008): 249–254. doi:10.1016/j.jneumeth.2007.11.031.

Véronique Vienne, *Die Kunst, nichts zu tun: Einfache Wege, wieder Zeit für sich selbst zu finden,* Scherz Verlag, 5. Aufl. 2004. *p28*

Ward, Lawrence M., Shannon E. MacLean und Aaron Kirschner, »Stochastic Resonance Modulates Neural Synchronization Within and Between Cortical Sources«, *PLoS ONE* 5, Nr. 12 (16. Dezember 2010): e14371. doi:10.1371/journal.pone.0014371.

Ward, Patrick, und Gerald Shively, »Vulnerability, Income Growth and Climate Change«, *World Development* 40, Nr. 5 (Mai 2012): 916–927. doi:10.1016/j. worlddev.2011.11.015.

Webb, Graeme, »›Occupying‹ Our Social Imagination: The Necessity of Utopian Discourses in an Anti-Utopian Age«, *Perspectives on Global Development & Technology* 12, Nr. 1/2 (Januar 2013): 152–161.

Wellens, Thomas, Vyacheslav Shatokhin und Andreas Buchleitner, »Stochastic Resonance«, *Reports on Progress in Physics* 67, Nr. 1 (1. Januar 2004): 45–105. doi:10.1088/0034-4885/67/1/R02.

Wilde, Oscar, *Der Sozialismus und die Seele des Menschen.* Neuauflage 2004. Zürich: Diogenes, 1982.

Wong, Chi Wah, Valur Olafsson, Omer Tal und Thomas T. Liu, »Anti-correlated Networks, Global Signal Regression, and the Effects of Caffeine in Resting-state Functional MRI«, *NeuroImage* 63, Nr. 1 (15. Oktober 2012): 356–364. doi:10.1016/j.neuroimage.2012.06.035.

»ZCommunications | On Media, Healthcare, Economics, Jobs, Dangers of Human Intelligence, Part I by Noam Chomsky | ZNet Article«, Zugriff am 10. Dezember 2012. http://www.zcommunications. org/on-media-healthcare-economics-jobs-dangers-of-human-intelligence-part-i-by-noam-chomsky.

Zemanová, Lucia, Gorka Zamora-López, Changsong Zhou und Jürgen Kurths, »Complex Brain Networks: From Topological Communities to Clustered Dynamics«, *Pramana* 70, Nr. 6 (1. Juni 2008): 1087–1097. doi:10.1007/ s12043-008-0113-1.

Zemanová, Lucia, Changsong Zhou und Jürgen Kurths, »Structural and Functional Clusters of Complex Brain Networks«, *Physica D: Nonlinear Phenomena* 224, Nr. 1 (1. Januar 2006): 202–212. doi:10.1016/j.physd.2006.09.008.

Zhu, Xueling, Xiang Wang, Jin Xiao, Jian Liao, Mingtian Zhong, Wei Wang und Shuqiao Yao, »Evidence of a Dissociation Pattern in Resting-State Default Mode Network Connectivity in First-Episode, Treatment-Naive Major Depression Patients«, *Biological Psychiatry* 71, Nr. 7 (April 2012): 611–617. doi:10.1016/j.biopsych.2011.10.035.

Zuo, Xi-Nian, Adriana Di Martino, Clare Kelly, Zarrar E. Shehzad, Dylan G. Gee, Donald F. Klein, F. Xavier Castellanos, Bharat B. Biswal und Michael P. Milham, »The Oscillating Brain: Complex and Reliable«, *NeuroImage* 49, Nr. 2 (15. Januar 2010): 1432–1445. doi:10.1016/j. neuroimage.2009.09.037.

Register

Sachregister

Personenregister

Den Fluch des Nettseins brechen!

Nettsein – ein Fluch? Definitiv!, sagt die anerkannte Psychologin Jacqui Marson. Denn wer auch mal aneckt, wird auf lange Sicht zufriedener mit seinem Leben sein. Einfache Übungen und Fallbeispiele helfen, auch mal entschieden Nein zu sagen.

320 Seiten
ISBN 978-3-442-17423-2
auch als E-Book erhältlich

Entscheiden leicht gemacht!

Heutzutage werden einem täglich massenhaft große und kleine Entscheidungen abverlangt. Dieses Buch klärt wissenschaftlich untermauert ein für alle Mal, welche Entscheidung die Beste ist. Nie wieder zaudern und damit ein besseres Leben führen!